LÍDER-COACH

Diseño de tapa:
LUCAS FRONTERA SCHÄLLIBAUM

OSCAR ANZORENA

LÍDER-COACH

Un modelo para el Liderazgo
y el Coaching Organizacional

GRANICA

ARGENTINA - ESPAÑA - MÉXICO - CHILE - URUGUAY

© 2018 *by* Ediciones Granica S.A.

ARGENTINA
Ediciones Granica S.A.
Lavalle 1634 3° G / C1048AAN Buenos Aires, Argentina
granica.ar@granicaeditor.com
atencionaempresas@granicaeditor.com
Tel.: +54 (11) 4374-1456 Fax: +54 (11) 4373-0669

MÉXICO
Ediciones Granica México S.A. de C.V.
Calle Industria N° 82
Colonia Nextengo - Delegación Azcapotzalco
Ciudad de México - C.P. 02070 México
granica.mx@granicaeditor.com
Tel.: +52 (55) 5360-1010. Fax: +52 (55) 5360-1100

URUGUAY
granica.uy@granicaeditor.com
Tel: +59 (82) 413-6195 Fax: +59 (82) 413-3042

CHILE
granica.cl@granicaeditor.com
Tel.: +56 2 8107455

ESPAÑA
granica.es@granicaeditor.com
Tel.: +34 (93) 635 4120

www.granicaeditor.com

GRANICA es una marca registrada

ISBN 978-950-641-967-7

Hecho el depósito que marca la ley 11.723

Impreso en Argentina. *Printed in Argentina*

Anzorena, Oscar
   Líder-coach / Oscar Anzorena. - 1a ed. - Ciudad Autónoma de Buenos Aires : Granica, 2018.
   240 p. ; 22 x 15 cm.

   ISBN 978-950-641-967-7

   1. Liderazgo. I. Título.
   CDD 658.4092

Índice

Tercera parte
EL AUTOLIDERAZGO

Cuarta parte
LAS COMPETENCIAS DEL LÍDER-COACH

INTRODUCCIÓN

Los líderes no crean seguidores,
crean líderes.
Tom Peters

Hace unos años tuve una experiencia que fue el inicio de un profundo cambio con relación a mi comprensión del tema del liderazgo. En un curso en el que yo era el instructor, se generó una conversación entre los participantes acerca de cuáles eran los ejemplos que se podían tomar como referencias de un liderazgo efectivo. Esto derivó en una interesante polémica cuando uno de los cursantes propuso a Hitler como uno de los casos más significativos de liderazgo. Ante el asombro y el disgusto de varios participantes, este cursante argumentó que a ellos les habían enseñado que líder era alguien que ejercía influencia sobre sus seguidores y que, si bien él consideraba a Hitler un personaje nefasto, cumplía ampliamente los requisitos de esta definición.

Esta conversación generó en mí la inquietud que me llevó a revisar la extensa y nutrida bibliografía que se había producido sobre el tema liderazgo en los últimos años. Dicho análisis verificó lo dicho por aquel cursante. Para mi asombro, pude corroborar que la mayoría de las numerosas teorías desarrolladas sobre el liderazgo tenían en común aquello que denominé el "paradigma de la influencia". Es decir que, más allá de los diferentes enfoques, todos los autores coincidían en definir al liderazgo como una acción de influencia en los seguidores. Desde esta perspectiva el liderazgo quedaba despojado de valores y no importaba para qué se utilizara la influencia. Algunos abordajes incluso presentaban diversas tipologías donde incluían el "liderazgo autoritario".

El tomar conciencia de que esta prolífica producción intelectual acerca del liderazgo está sustentada en el denominador común de la influencia, me hizo reflexionar que tal vez esta fuese la causa de su inefectividad ante los actuales desafíos sociales y organizacionales. Esto podría explicar por qué existen tantas teorías, tantos libros y tantos cursos de liderazgo... y tan pocos líderes.

La problemática del liderazgo adquiere fundamental importancia en el ámbito empresario, pero lo excede ampliamente. La dimensión del tema emerge con claridad al reflexionar acerca de que gran parte del accionar de las personas se realiza en ámbitos organizacionales o está vinculado a estos espacios. A tal punto que Peter Drucker[1] sostiene que "La sociedad en todos los países desarrollados se ha convertido en una *sociedad de organizaciones* en la cual la mayoría de las tareas sociales, si no todas, son hechas por y en una organización".

Así vemos que el tema del liderazgo no solo está relacionado con los desafíos que plantea la productividad y competitividad empresaria, sino que nos interpela acerca del tipo de relaciones que queremos construir, nuestra concepción acerca de la autoridad y, fundamentalmente, sobre los valores en los que queremos sustentar nuestra convivencia social.

Es por esto que entiendo que para encarar la problemática del liderazgo en forma efectiva debemos cambiar nuestra perspectiva, y propongo abordarla desde un *para-*

---

1   Drucker, Peter: *La sociedad poscapitalista*. Sudamericana, Buenos Aires, 1993.

digma del desarrollo personal y organizacional. Desde esta visión, asumir una función de conducción desde el liderazgo implica el compromiso con la expansión del potencial y la mejora del desempeño individual y colectivo.

Esto presupone estar al servicio del desarrollo de las personas con las que se trabaja y convive. Desarrollo que comprende el incremento de sus competencias laborales y de sus cualidades humanas. Quienes entienden que conducir a otras personas conlleva la responsabilidad de involucrarse en su desarrollo y aportar a su superación personal y profesional, comprenden que la esencia del liderazgo no está en la influencia sino en el *servicio.* Que líder no es quien tiene más "seguidores", sino quien se compromete en la tarea de desarrollar a otros líderes.

Es en este sentido que sostenemos que quien lidera debe desempeñar el rol de "coach" con su gente. Esto implica adquirir las competencias que le posibiliten destrabar los aspectos que obstaculizan la capacidad de acción o dificultan el logro de los objetivos de su equipo de trabajo.

Es con esta perspectiva que estar al servicio de la evolución y el despliegue de la potencialidad de las personas y las organizaciones constituye uno de los valores fundamentales del liderazgo, y es la responsabilidad que asume quien decide conducir desde esta concepción de *líder-coach.*

El liderazgo se sustenta en la autoridad personal y profesional, no en el poder de la jerarquía organizacional. Quien lidera debe simbolizar los valores que sustenta y debe convocar a los demás a partir de sus actitudes y comportamientos. Es desde este lugar de coherencia entre el decir y el hacer que los líderes construyen la autoridad que, esencialmente, le es otorgada por las otras personas.

La función formal de conducción no implica de por sí liderazgo. Se puede conducir o ser jefe sin desempeñar el rol de liderazgo, y también se puede ejercer el liderazgo sin poseer la función de conducción. Actuar *desde el liderazgo* es una forma de pararse en la vida y encarar nuestra existencia, más allá de las tareas y posiciones circunstanciales que a cada uno le toque asumir. El liderazgo no es patrimonio de quien eventualmente sustenta una función de conducción, sino que todos los integrantes de la organización pueden desempeñar sus funciones desde el rol del liderazgo.

Entendemos que solo partiendo del "autoliderazgo" alguien podrá desarrollar esta perspectiva del liderazgo; lo que implica un profundo compromiso con el propio proceso de autoconocimiento y evolución personal, con la adquisición de las competencias profesionales que posibiliten llevar a cabo las correspondientes responsabilidades, con una conducta basada en valores y con un sentido ético de servicio hacia las personas con las que se comparte el liderazgo. Es sobre esta convicción que sostenemos que el proceso de desarrollo del *líder-coach* se recorre de adentro hacia fuera y que el autoliderazgo es condición necesaria para el desempeño de un liderazgo eficaz.

En función del desafío de plantear un modelo integral de liderazgo he organizado el libro en cuatro partes. La primera parte, "Hacia un nuevo paradigma del liderazgo", esboza los cambios estructurales observados en el actual sistema productivo, que demandan una nueva forma de organizar y conducir el trabajo, y fundamenta la necesidad de desarrollar un nuevo paradigma de liderazgo.

La segunda parte, "Los comportamientos del líder-coach", expone cuáles son las responsabilidades fundamentales e indelegables del liderazgo, es decir, cuáles son las acciones que debe desempeñar toda persona que ejerza el liderazgo desde el paradigma del desarrollo.

En la tercera parte, "El autoliderazgo", se profundiza en los aspectos que caracterizan el proceso de crecimiento personal y profesional que demanda ejercer el liderazgo con esta perspectiva.

Por último, la cuarta parte, "Las competencias del líder-coach", desarrolla las cinco competencias de la Maestría Personal que se deben incorporar para llevar a la práctica las responsabilidades que definen las conductas del líder-coach descriptas anteriormente.

Como última reflexión, y en función de mi experiencia en el ejercicio del coaching en el ámbito empresario, entiendo que este modelo conceptual y herramental constituye una base fundamental para quienes se planteen ejercer la profesión del Coaching en contextos organizacionales o con equipos de trabajo y de deportes.

OSCAR ANZORENA
Buenos Aires, septiembre de 2018

Primera parte

HACIA UN NUEVO PARADIGMA DEL LIDERAZGO

CAPÍTULO 1

El desafío de la gestión del trabajo del conocimiento

La emergencia del liderazgo en un nuevo escenario mundial

*Estos son los tiempos difíciles
en los que un genio desearía vivir.
Las grandes necesidades exigen
grandes líderes.*
Abigail Adams

Vivimos una etapa histórica signada por la explosión del conocimiento y la revolución de la ciencia y la tecnología. La cantidad, profundidad y vertiginosidad de los cambios son de tal dimensión que han impactado y reconvertido todos los ámbitos del quehacer humano, configurando un mundo fundamentalmente diferente del existente hasta hace unos años. Tal es la extensión y la multiplicidad de las mutaciones producidas que todavía no hemos encontrado un nombre que pueda definir en su amplitud y complejidad el momento actual. Por ello recurrimos a expresiones como *mundo globalizado, cultura posmoderna, economía posindustrial, capitalismo de la información, sociedad del conocimiento.*

Hemos visto emerger nuevos sectores productivos caracterizados por el uso del conocimiento intensivo, y tanto las empresas de producción como las de servicios se han visto expuestas a sucesivas transformaciones como forma de alcanzar niveles de competitividad y adecuar su funcionamiento a los nuevos requerimientos de calidad y costos del mercado.

La interacción de diversos factores, en este traspaso de la "era industrial" a la "era del conocimiento", ha llevado a una reconfiguración social en la que se han resignificado los conceptos de *puesto de trabajo, empleo* y *carrera laboral*. Esto tiene un profundo impacto en la vida de las personas, ya que se ha modificado de manera concluyente la manera en que los individuos se relacionan con su trabajo, visualizan su vínculo con el empleo, depositan sus expectativas en las empresas que los contratan y conciben su carrera laboral y su desarrollo profesional. Todo esto se ha podido visualizar con mayor claridad con el surgimiento del fenómeno de los "millenials".

Lo cierto es que estas nuevas realidades han venido para quedarse. Los cambios se vienen produciendo como oleadas globales que transfiguran el escenario económico, social y productivo de todo el planeta, más allá de las características particulares con las que se expresan estos fenómenos a nivel local. Ha emergido un mundo que impone nuevas reglas sin grandes distinciones de fronteras nacionales.

Comprender cuál es el paradigma que sustenta la diversidad y complejidad de los cambios emergentes nos posibilita pensar cuáles pueden ser las tendencias de los escenarios futuros, cuáles son los requerimientos del mundo del trabajo y las organizaciones, qué tipo de desafíos personales y sociales tendremos que encarar, y cuáles son las nuevas capacidades y competencias que debemos adquirir a tal efecto. Estos nuevos escenarios hacen que la problemática del liderazgo emerja como un tema central en este momento de la historia de la humanidad.

La evolución de la gestión del trabajo

*El mundo tiene problemas que
no pueden ser resueltos pensando de
la misma manera en que lo hacíamos
cuando los creamos.*
Albert Einstein

Este proceso de incesante cambio ha impactado fuertemente en el mundo de las empresas y las organizaciones. Desde hace algunas décadas se transita por un sinuoso proceso de trasformación del modelo tradicional de producción, organización del trabajo y conducción de las personas. Pero a pesar de que este modelo tiene un consensuado certificado de defunción, en la práctica cotidiana aún goza de buena salud. Por otro lado, el modelo de gestión que dé cuenta de los nuevos desafíos viene teniendo un complejo proceso de gestación en el que los sucesivos intentos de parto dan señales inequívocas de preñez, pero aún no se puede certificar el nuevo nacimiento. Es decir, vivimos un período de transición, un momento de avances y retrocesos donde conviven distintos paradigmas de gestión organizacional y las personas se ven sometidas a la tensión de la dualidad de esta coexistencia de modelos.

Intentaremos ser más claros en la explicación y la fundamentación de por qué decimos que nos encontramos en un prolongado y complejo proceso de transición. Para hacerlo nos vamos a remitir a principios del siglo xx, cuando Frederick Taylor desarrolló lo que se conoció como la "Administración Científica del Trabajo".

La Revolución Industrial había avanzado a lo largo de más de un siglo y en ese momento se manifestaba a través de importantes concentraciones industriales en donde trabajaban grandes cantidades de obreros de escasa calificación. En ese contexto, en el cual el desafío se focalizaba en el aumento de la productividad de los obreros fabriles que desarrollaban un trabajo manual, Taylor planteó su modelo de gestión basado en dos ejes: desagregar tareas y tiempos de ejecución, y separar la planificación de la realización.

Determinó que el obrero no tenía que pensar, solo debía cumplir estrictamente las tareas encomendadas en el tiempo establecido. Al separar "la mente del músculo", el conocimiento quedó localizado en un reducido grupo de personas, generalmente ingenieros, cuya misión era establecer y supervisar las tareas de los trabajadores. Taylor[2] sostenía que al obrero se le pagaba para que trabajara y no para que pensara, y enfatizaba: "No deseamos iniciativa alguna. Todo lo que queremos de ellos es que obedezcan las órdenes que les impartimos, que hagan lo que les decimos y que lo hagan rápido".

Este esquema de establecer tareas que debían realizarse en un orden y a un ritmo determinado suponía como contrapartida un férreo esquema de control. Este modelo de gestión, conocido como "mando-control", fue el que dio origen a las organizaciones verticales, piramidales y con múltiples niveles jerárquicos.

Esta manera de organizar y conducir el trabajo manual fue muy exitosa y a su vez mejorada cuando, con el surgimiento de la industria automotriz, Henry Ford diseñó la línea de montaje como forma de coordinación de las tareas. El "Taylorismo" y el "Fordismo" fueron los impulsores del crecimiento explosivo de la industria de la primera mitad del siglo XX.

El primer quiebre importante al modelo taylorista lo constituyen las experiencias japonesas conocidas como "management de la calidad" o "Calidad Total". Paradójicamente

---

2   Taylor, Frederick: *The Principles of Scientific Management*. Norton, New York, 1967.

la guerra tuvo un rol importante, aunque involuntario, en el cuestionamiento de uno de los pilares del esquema conceptual propuesto por Taylor, aquel que sostenía que no se debía utilizar el saber de los trabajadores sino solo su destreza física, su "mano de obra".

Así lo explica Peter Drucker[3]: "Cuando llegó la Segunda Guerra Mundial no tuvimos elección: tuvimos que preguntarles a los trabajadores. En las plantas no teníamos ni ingenieros, ni psicólogos, ni capataces, todos estaban uniformados en el frente. Y cuando les preguntamos a los trabajadores nos dimos cuenta –para nuestra inmensa sorpresa que todavía recuerdo– de que ellos no eran 'bueyes mudos', ni inmaduros, ni inadaptados. Sabían bastante sobre los trabajos que estaban haciendo, sobre su lógica y su ritmo, las herramientas, la calidad y mucho más".

Finalizada la guerra y, por lo tanto, concluida la necesidad de las mejoras de la productividad y la calidad en las industrias armamentistas, los Estados Unidos se encontraron con que sus empresas –sin competencia a nivel mundial por la destrucción del aparato productivo europeo– podían vender cualquier cosa que produjeran ya que había exceso de demanda y escasez de oferta. La exigencia era de volumen y no de calidad, y para esto el modelo taylorista seguía funcionando muy bien.

Dos norteamericanos, Edward Deming y Joseph Juran, que habían conducido algunas de estas experiencias relatadas por Drucker, participaron en la reconstrucción del destruido aparato productivo japonés. Para esto partieron del convencimiento de que si se aprovechaba el potencial de conocimiento que poseían los obreros, se podía mejorar notablemente la productividad organizacional y la calidad de los productos. Para implementarlo reemplazaron el control de la calidad por el desarrollo de la calidad.

---

3   Drucker, Peter: *Administración y futuro*. Sudamericana, Buenos Aires, 1993.

Desarmaron el sector que controlaba la calidad de los productos una vez finalizada su fabricación y le confirieron poder a los trabajadores para que fueran solucionando los problemas de calidad durante el proceso de producción. De esta forma desandaron el camino marcado por Taylor y volvieron a unir el cerebro al músculo. Movilizaron el conocimiento colectivo creando los llamados "círculos de calidad", conformados por trabajadores que se reunían para diseñar e implementar mejoras en los procesos de producción.

Desde estas primeras experiencias hasta la actualidad se han producido notables transformaciones en el mundo de las empresas, en donde el impacto de la revolución tecnológica ha instalado el desafío de la gestión del trabajo del conocimiento. No es de extrañar que los dos temas que han concitado la mayor atención en las investigaciones y en la producción intelectual en el área de la gestión empresaria hayan sido el liderazgo y el trabajo en equipo, conceptos inexistentes en el esquema taylorista de "mando-control".

Los trabajadores del conocimiento

El hombre puede actuar determinado por las normas o fuerzas externas a la propia persona, o por sus propios impulsos, juicios y sentimientos.
Abraham Maslow

La importancia y trascendencia del tema del liderazgo emerge con claridad al plantear la problemática de la organización y la conducción de los trabajadores del conocimiento. Para abordar este tema nos parece pertinente comenzar por el análisis de los tipos de trabajo que requiere y demanda la sociedad actual. A tal efecto tomaremos como referencia el estudio realizado por Robert Reich[4], un académico de Harvard que fue ministro de Trabajo de Estados Unidos. En este estudio postula la existencia de tres grandes categorías de trabajo a las que denomina: *servicios rutinarios de producción, servicios en persona* y *servicios analítico-simbólicos.*

Los trabajadores que realizan "servicios rutinarios de producción" son obreros o empleados poco calificados que ejecutan tareas simples, rutinarias y repetitivas. A esta categoría pertenecen los obreros de industrias de producción masiva y peones de la construcción y la limpieza. Lo que identifica a este tipo de empleo es que las personas cumplen una tarea preestablecida y difícilmente le agregan valor. Se les paga por su tiempo de trabajo o por la cantidad de tareas que realizan, y solo se les exige que acaten las normas y procedimientos predeterminados.

Las personas que realizan trabajos encuadrados en la segunda categoría, denominada "servicios en persona", también efectúan tareas simples y muchas veces rutinarias, pero las realizan *de persona a persona*, en vinculación con el usuario o cliente. Podemos mencionar dentro de esta categoría a los empleados de hoteles, recepcionistas, guardias de seguridad, porteros, vendedores minoristas, operadores de *call center*, cajeros de bancos o de supermercados y personal de limpieza domiciliaria, entre otros.

Deben ser puntuales y fiables como los trabajadores rutinarios de producción, pero como característica particular deben –además– ser corteses, serviciales y poseer un trato afable con el cliente al que le proveen el servicio. El aumento exponencial de los trabajadores de esta categoría está en relación directa con lo que se conoce como la "revolución de los servicios". Esto se refiere a la explosión de crecimiento que se ha verificado en las últimas décadas en las distintas

---

4 Reich, Robert: *El trabajo de las naciones.* Vergara, Buenos Aires, 1993.

actividades relacionadas al área de los servicios, desde sectores vinculados al surgimiento de nuevas tecnologías como las telecomunicaciones, telefonía celular, Internet, hasta el incremento de sectores más tradicionales como transporte, turismo, medios de comunicación, hotelería, esparcimiento, gastronomía, supermercados, logística, servicios de salud, seguros, educación y seguridad.

La tercera categoría son los trabajadores que realizan lo que Reich designa como "servicios simbólico-analíticos". Trabajan con símbolos, datos, palabras, representaciones visuales y orales. Abarcan procesos de reflexión y comunicación, antes que una producción tangible. Los instrumentos que utilizan pueden ser algoritmos matemáticos, argumentos legales, tácticas financieras, principios científicos, imágenes audiovisuales, observaciones psicológicas... o cualquier otro tipo de técnica para encarar o resolver diferentes problemáticas.

Dentro de esta categoría encontramos a investigadores, científicos, docentes universitarios, biotecnólogos, ingenieros de distintas especialidades, ejecutivos de relaciones públicas, productores de medios de comunicación, desarrolladores de software, investigadores de mercado, creativos publicitarios, banqueros de inversión, buscadores de talento, analistas de sistemas y consultores, entre otros.

Reich plantea que todos los *analistas simbólicos* son profesionales, pero no todos los profesionales son analistas simbólicos. Es decir, advierte que la profesión, el oficio o el puesto de trabajo no es lo que determina su ubicación en alguna de estas categorías, sino que lo que realmente importa es qué tipo de tarea desempeña y cómo la lleva adelante. Por ejemplo, un docente puede realizar su labor en forma rutinaria y repetitiva procurando únicamente que los alumnos memoricen la información suministrada, o puede ejercer su tarea en forma creativa, vinculando información, generando nuevos conocimientos e induciendo a sus alumnos a que asuman una actitud proactiva en el proceso de aprendizaje. Un vendedor puede llenar pedidos (*rutinario*), atender clientes en un comercio (*en persona*) o desarrollar estrategias de comercialización y marketing (*analista simbólico*).

Estos analistas simbólicos, que en adelante llamaremos "trabajadores del conocimiento", no solo son los que más han aumentado en forma numérica junto a los trabajadores que brindan servicios, sino que además son los que proveen mayor valor agregado a la sociedad y al sistema productivo. Esto nos sitúa frente al desafío de generar nuevas formas de gestión que les posibiliten desplegar todo su potencial en procura del desarrollo personal, organizacional y social.

La sociedad industrial se organizó y estructuró en función de generar las condiciones que garantizaran la productividad del trabajo manual. Podemos afirmar que esto se logró con el mayor de los éxitos y que el siglo XX fue testigo de un increíble crecimiento industrial y una revolución de productividad sin precedentes. Es interesante analizar el hecho de que tanto el mundo capitalista, encabezado por Estados Unidos y Europa, como el mundo socialista, representado por la Unión Soviética, más allá de sus disputas geopolíticas, sus rivalidades ideológicas y sus antagónicas formas de organización sociopolítica, estructuraron y desarrollaron sus respectivos aparatos productivos basándose en los mismos principios y conceptos del taylorismo y el fordismo.

En este momento nos encontramos frente a una encrucijada muy diferente. Uno de los retos más significativos que afronta la sociedad es *resolver la problemática que entraña la productividad de los trabajadores del conocimiento*. Al respecto Peter Drucker[5] sostiene: "La productividad de los nuevos grupos dominantes en las fuerzas del trabajo, los trabajadores cuya tarea se basa en el conocimiento y en el servicio, será el desafío más grande y más duro que tendrán que

---

5 Drucker, Peter: *Administración y futuro. Op. cit.*

enfrentar los administradores de los países desarrollados en las décadas que vienen". Es en este desafío que encuadramos nuestro abordaje del liderazgo.

Hacia la gestión del trabajo del conocimiento

Las organizaciones inteligentes exigen
una nueva perspectiva del liderazgo.
Peter Senge

A los efectos de establecer el contexto en el que está planteado este desafío, describiremos los distintos planos en los que se manifiesta el cambio de paradigma de la empresa tradicional hacia una nueva forma de organizar y gestionar el trabajo.

a. De la gestión por tareas a la gestión por objetivos

Una de las características centrales del trabajo manual –en el que se sustenta el modelo taylorista de "mando-control"– es que se pueden desagregar las tareas a realizar, planificar su ejecución previendo su secuencialidad y el ritmo de trabajo, y que una vez establecida la rutina de producción es fácilmente controlable. Por el contrario, el trabajo del conocimiento no es repetitivo ni rutinario y, por lo tanto, no se puede planificar ni controlar a través de tareas y tiempos de realización exactamente definidos. Esto supone –en cambio– que se deban fijar y consensuar objetivos a lograr, a partir de lo cual las personas involucradas se comprometen a poner en funcionamiento sus conocimientos, sus habilidades, su creatividad y su motivación para superar todo tipo de desafíos o inconvenientes a los efectos de lograr los objetivos planteados.

Pensemos en una empresa que convoca a un equipo de especialistas para desarrollar un nuevo programa de informática. Los miembros del equipo solicitarán los recursos necesarios para lograr el objetivo y luego comenzarán la tarea encomendada. Lo que podrá controlar quien conduzca el proyecto es la evolución del trabajo y el cumplimiento en tiempo y forma de las metas establecidas, pero jamás podrá supervisar las tareas ya que ni él ni los miembros del equipo las pueden establecer de antemano. Lo mismo podríamos decir de un equipo creativo que deba diseñar y lanzar una campaña de publicidad, o un equipo de marketing que tenga que desarrollar un nuevo producto, o un equipo de ventas que deba lograr ciertas metas de facturación en diversas áreas geográficas.

¿Quién puede determinar qué tareas o qué proceso de trabajo debe realizar un analista financiero, un consultor empresario, un director de orquesta o un planificador urbano para cumplimentar en forma efectiva los objetivos propuestos? En todos estos casos –y en cualquier otro en los que se gestione el trabajo de personas que producen con su conocimiento–, la clave de la productividad no estará en la planificación y el control de tareas fragmentadas, sino en la movilización del conocimiento y la iniciativa colectiva.

b. Del trabajo en grupos al equipo de trabajo

El concepto de equipo de trabajo era inexistente en el modelo taylorista, ya que gestionar el trabajo manual a través de la desagregación de tareas individuales que se repetían rutinaria e interrumpidamente no lo requería. Cuando se necesitó establecer una coordinación entre estas tareas se implementó la línea de montaje, que no solo generaba un orden en el cual debían realizarse, sino que además implantaba un ritmo y un tiempo de ejecución. Basta recordar al inolvidable Charles Chaplin en su película *Tiempos Modernos* para ilustrar este modelo.

La necesidad del trabajo en equipo emerge cuando se comprende que para la realización de tareas complejas se debe coordinar el accionar de personas de diversas disciplinas, donde cada una posee un saber específico que necesariamente debe conjugarse y complementarse con los de las demás. Todas deben pensar y actuar en forma interdependiente a los efectos de coordinar tareas, roles y procesos en función del logro de los objetivos establecidos y, por lo tanto, la única manera de realizarlo es actuando como un equipo de trabajo.

c. De la obediencia y la disciplina al autocontrol y la responsabilidad personal

Cuando se conduce en función de asignar y controlar tareas específicas lo importante es establecer la obediencia y la disciplina. Por el contrario, cuando se lidera con el propósito de movilizar el conocimiento colectivo el objetivo es que todos los integrantes aporten no solo sus saberes y habilidades, sino también su compromiso y capacidad de innovación en los procesos de trabajo. En estos casos ya no es funcional el control externo, sino que lo que se requiere es que las personas estén imbuidas del espíritu del equipo, comprometidas con los objetivos a cumplir, motivadas con las tareas a realizar, y que asuman la ética de la responsabilidad por los resultados. Si esto es así, lo que surge es el autocontrol, la autorregulación y la responsabilidad personal.

Tradicionalmente estas características no eran valoradas, se apreciaba más el acatamiento que la iniciativa y se prefería la subordinación a la creatividad. Se obturaba de esta forma la motivación y la implicación personal con el trabajo desarrollado. En los nuevos estilos de gestión la tarea central de quien conduce no está en dar órdenes y reclamar obediencia, sino en transferir poder (*empowerment*) para que cada uno pueda aportar su capacidad y conocimiento, generando valor en la tarea. Pensemos por ejemplo en un equipo de profesionales de la salud que están atendiendo un caso de emergencia o realizando una operación de alta complejidad: tanto el cirujano como el anestesista o las enfermeras saben mejor que nadie qué acciones tienen que realizar y de qué forma las deben coordinar con los otros miembros del equipo.

d. Del acatamiento al compromiso y del temor a la confianza

En los ámbitos organizacionales donde las conductas que se esperan y se valoran son el acatamiento y la disciplina, la emoción colectiva está signada por el temor y la desconfianza. Es a través de esta emocionalidad que se impone la actitud de obediencia y sumisión. Muy por el contrario, cuando se valora el compromiso, la motivación y la capacidad de agregar valor que pueda aportar cada individuo y el equipo en su conjunto, se genera una cultura organizacional basada en la emocionalidad de la confianza y el entusiasmo.

e. De la tarea al resultado

Estos diferentes modelos de gestión implican distintos tipos de sistemas de evaluación y recompensa. En un caso lo que se evaluará es el cumplimiento de la tarea asignada. De esta forma las personas no se responsabilizan por el resultado final del proceso de trabajo, ni por el logro de los objetivos propuestos, ya que en muchos casos ni los conocen. Su responsabilidad se restringe al cumplimiento de la tarea encomendada.

Por el contrario, cuando los miembros del equipo se comprometen con el logro de los objetivos, lo que hacen es asignar los recursos y determinar las tareas y roles de la manera en que lo consideran más conveniente, haciéndose responsables por los resultados obtenidos. En este caso se evalúa el desempeño individual y grupal. Asumir la responsabilidad como equipo de trabajo implica hacerse cargo no solo de la acción individual, sino también de cómo este accionar se coordina y complementa en forma eficaz y eficiente con el de los otros integrantes. Esta forma de gestionar y evaluar el desempeño individual y colectivo genera el espíritu de equipo y un estilo de interrelación cooperativo.

f. De la estandarización al aprendizaje y la mejora continua

La gestión del trabajo del conocimiento implica resolver problemas de gran complejidad frente a los cuales generalmente no existe un camino de vía única, sino que se deben tomar decisiones ponderando diversos factores, con un alto nivel de incertidumbre. Aun cuando se puedan determinar tareas preestablecidas, son las personas que las realizan quienes establecen la calidad con la que se ejecutan y quienes agregan valor y particularidad a esas actividades.

Este tipo de trabajo, lejos de ser una actividad rutinaria y repetitiva, requiere la innovación y la mejora continua. La incesante adaptación de productos y procesos implica que se realicen cambios y aprendizajes tanto a nivel individual como organizacional. Accionar en forma efectiva en el cambio constante demanda generar ámbitos organizacionales que posibiliten el aprendizaje continuo.

g. Del gerente-capataz al líder-coach

En el modelo tradicional la función de quien conduce es determinar y asignar las tareas y luego controlar que se realicen de acuerdo con lo establecido. Esto se replica en todos los niveles de la organización y supone que el controlador también debe ser controlado; por lo tanto, el capataz controla al obrero, el supervisor al capataz, el jefe al supervisor, el gerente al jefe… y así sucesivamente hasta llegar al gerente general.

Este perfil de gerente-capataz[6] entra en crisis cuando nos enfrentamos al desafío de la productividad del trabajo del conocimiento. Es aquí que cobra importancia y centralidad el concepto de liderazgo. Así como señalábamos que la idea de equipos de trabajo era absolutamente ajena a la concepción taylorista, también lo era la idea del liderazgo.

El gerente-capataz puede desempeñar su función basada en el poder de mando que le otorga la empresa, pero quien conduce a trabajadores del conocimiento debe sustentarse no solo en el poder formal, sino también en la autoridad conferida por los propios trabajadores. Esta autoridad informal es la que le permite al líder-coach tener ascendencia sobre los miembros de su equipo y también con aquellos sobre los que no ejerce un poder formal, sean colegas, clientes o personal jerárquico de la empresa. Esta autoridad procede de la capacidad, la integridad y el logro.

Ejercer la función de conducción desde el liderazgo implica generar ámbitos laborales que posibiliten el despliegue del potencial personal y organizacional. Significa convocar y motivar para el logro de los objetivos propuestos y generar los estados emocionales necesarios a nivel de las personas y los equipos, creando confianza y compromiso para que las acciones puedan suceder. Para esto, quien lidera debe incorporar las competencias de un coach, en el sentido de que debe poseer las habilidades y las destrezas que le posibiliten acompañar y facilitar el desarrollo de las personas con las que trabaja. Es desde esta concepción que planteamos *la misión del líder-coach como el desarrollo de líderes.*

---

6 Echeverría, Rafael: *La empresa emergente.* Ediciones Granica, Buenos Aires, 2000.

Variables de los modelos de gestión

Criterio	Gestión por tareas	Gestión por objetivos
Criterio de gestión	Gestionar acciones y tiempos	Visión compartida Objetivos consensuados
Clave de la productividad	Tareas fragmentadas	Movilizar el conocimiento y la iniciativa colectiva
Organizados en	Trabajo en grupos	Equipos de trabajo
Conducción basada en el	Poder	Poder y autoridad
Toma de decisiones	Centralizada	Consensuada
Conocimiento	Centralizado, solo del jefe	Todos los integrantes del equipo
Mecanismo de regulación	Mando-control	*Empowerment* Autonomía responsable
Conducta deseable	Acatamiento, disciplina No innovar	Compromiso, motivación, implicación, innovación
Emocionalidad	Temor Desconfianza	Confianza Entusiasmo
Foco	En la tarea	En los resultados En agregar valor a la tarea
Evaluación	Cumplimiento de las tareas individuales	Resultados individuales y colectivos
Lógica de trabajo	Estandarización	Aprendizaje Reflexión en la acción Mejora continua
Perfil de autoridad	Gerente-capataz	Líder-coach
Objetivo de conducción	Utilizar la capacidad de acción	Desarrollar capacidades y potencialidades

El mayor reto para los dirigentes empresariales de este siglo es alinear los valores corporativos con los valores humanos, no solo dándole a la empresa un rostro humano, sino también un espíritu humano y una cohesión como comunidad. La empresa puede ser un organismo ético que evoluciona a medida que crece su gente, que aprecia continuamente el valor tangible e intangible a través de la formación, la enseñanza y el aprendizaje.

Isadore Sharp - Fundador y CEO de Four Seasons Hotels

CAPÍTULO 2

El liderazgo como desarrollo de líderes

Inter-olas, la convivencia de lo nuevo con lo antiguo

> *La dirección trata de persuadir a las personas*
> *de llevar a cabo tareas que no quieren realizar,*
> *mientras que el liderazgo las inspira a ejecutar*
> *tareas para las que no se creían capaces.*
> Steve Jobs

Sostuvimos anteriormente que estamos recorriendo un período de transición en el que conviven lo nuevo con lo viejo, en donde coexisten diferentes paradigmas de gestión en una tensión donde prevalece uno u otro dependiendo de la organización y las circunstancias.

Podemos corroborar que este proceso de transformación de las maneras de *hacer empresa*, y de evolución en las modalidades de organizar y conducir el trabajo, lleva décadas, pero aún no se ha consumado en forma definitiva. Lo viejo está extinto, pero aún existe; y lo nuevo tiene vida, pero aún no prevalece. El pasado y el futuro coexisten en el presente, en una constante tensión por el predominio cultural.

Cabría preguntarse entonces por qué, si hay un consenso generalizado de que se deben transformar las formas y estilos de gestión organizacional, el proceso de cambio se torna tan complejo y contradictorio; por qué siguen conviviendo estos dos paradigmas en la mayoría de las empresas; por qué observamos cotidianamente la contradicción de que personas que desean trabajar en equipo y ejercer una conducción basada en el liderazgo, luego, en la práctica concreta, terminan gestionando desde el paradigma del "mando-control". Por qué se pregona una cosa y se practica otra. Al decir de Peter Senge[7]: "En todas partes se oye a los directores generales y a otros altos ejecutivos hablar acerca de la necesidad de transformar las organizaciones para derribar las pesadas culturas burocráticas, para que se conviertan en organizaciones de aprendizaje. No obstante, son escasas las pruebas de las transformaciones afortunadas de las empresas".

Siendo consciente de que no existe una única respuesta para dar cuenta de estos interrogantes, en principio se podría decir que no basta con que las personas tengan en claro qué es lo más conveniente realizar, que estén concientizadas en cuanto a los beneficios que podrían obtener, e incluso posean los conocimientos teóricos que harían posible su puesta en práctica. Si no cuentan con las habilidades y destrezas para lograr un accionar efectivo es muy posible que luego de los primeros intentos frustrados retornen a la práctica anterior. También puede suceder que posean tales habilidades pero que estén sustentadas en creencias y valores que pertenecen al paradigma anterior; en tal caso, las creencias siempre son más poderosas que los conocimientos y las capacidades, ya que operan desde un lugar mucho más profundo, tanto en los individuos como en las organizaciones[8]. Y, nuevamente, ante tal situación las personas regresan rápidamente a las prácticas conocidas.

Pfeffer y Sutton[9], dos académicos de la Universidad de Stanford que investigaron acerca de la dificultad de las

---

7   Senge, Peter: "El liderazgo en las organizaciones de aprendizaje", artículo publicado en *El líder del futuro*. Fundación Peter Drucker, Deusto, Barcelona,1996.
8   Dilts, Robert: *Aprendizaje Dinámico*. Ediciones Urano, Barcelona, 1996.
9   Pfeffer, Jeffrey y Sutton, Robert: *La brecha entre el saber y el hacer*. Ediciones Granica, Buenos Aires, 2005.

empresas para llevar el conocimiento a la acción, plantean en sus conclusiones: "Según descubrimos, una razón importante de la brecha entre el saber y el hacer es que las compañías sobreestiman la trascendencia de los aspectos tangibles, concretos y programáticos de lo que hacen sus rivales, a la par que subestiman la de su filosofía rectora subyacente y los motivos de su forma de proceder". Es decir, muchas organizaciones introducen cambios en el nivel de los comportamientos, adoptando las prácticas de las empresas de éxito, pero no logran los mismos resultados ya que no realizan los cambios en cuanto a la filosofía y la cultura corporativa (creencias y valores).

Lo que habría que preguntarse es por qué, si la mayoría de las empresas vienen invirtiendo desde hace unos cuantos años en intervenciones de consultoría y capacitación a los efectos de transformar el estilo de gestión, se han logrado tan magros resultados y se torna tan dificultoso e imbricado el proceso de cambio. Por qué un porcentaje tan alto de jefes y gerentes, aun los que por su corta edad se incorporaron a la vida laboral cuando ya se hallaba en marcha este proceso de cambio, les surge como tendencia natural pensar y operar desde el paradigma de "mando-control", como si fuese un comportamiento natural que ya tuviesen aprendido y les costara gran trabajo desaprender.

Educación, cambio social y liderazgo

> *Nada ocurrirá sin transformación personal.*
> Edward Deming

Una posible respuesta a estas preguntas es que los individuos nacidos en el siglo XX tenemos instaladas las creencias, los valores y los comportamientos del paradigma "mando-control" aun antes de ingresar al sistema productivo. Y esto sucede porque durante el período de socialización primaria, tanto en nuestro ámbito familiar como en el sistema escolar, hemos recibido consciente e inconscientemente esta forma de pensar, actuar e interactuar.

El éxito que generó la implantación del sistema taylorista en el aparato productivo condujo a que el conjunto de la sociedad se estructurara en torno a este esquema de gestión y a este modelo de pensamiento, al punto que el sistema educativo fue diseñado para la formación de personas con valores y capacidades acordes con ese paradigma. Los colegios primarios y secundarios fueron gestionados por el modelo de "mando-control", y a su vez, en su rol de socialización de los individuos actuaron como los principales reproductores de los estilos de conducta que eran valorados en el sistema de producción industrial.

Pensemos en las filas de alumnos uniformados, tomando distancia, obedeciendo a la voz de mando de los maestros al entrar a clase, y su similitud con los obreros al ingreso a las fábricas. El control de la disciplina y la emocionalidad de temor a la sanción prevalecían respecto de los valores de la responsabilidad y el autocontrol; la evaluación individual predominaba frente al trabajo en equipo; la memorización de la información y el método de estudio como ensamble de conocimientos preestablecidos se imponía a la investigación y la creatividad; la repetición y ritualización de normas y procedimientos se valoraba por encima de la innovación y la iniciativa personal.

El paradigma implícito en el modelo "mando-control" permeó en el conjunto de la sociedad y fue creando un "sentido común", una forma de observar y analizar la realidad y, por lo tanto, una manera de actuar y relacionarnos. Aún hoy, si bien se han incorporado cambios en el sistema educativo, se sigue formando a los chicos para el mundo del pasado. Gran porcentaje de maestros y profesores siguen asumiendo comportamientos propios del capataz de la era industrial. Conciben que deben transmitir un saber dado, por lo cual no provocan la curiosidad por la búsqueda del conocimiento, no promueven la creatividad para investigar e indagar, ni la capacidad de razonamiento para elaborar criterios propios. Desempeñan su rol en base al poder institucional y no a la autoridad profesional. Continúan replicando y reproduciendo esquemas de conducta y comportamiento que son los que tienen aprendidos.

Si de un modelo de gestión organizacional sustentado en el "mando-control" surgió un sistema educativo basado en conceptos tales como el pensamiento uniforme, la perdurabilidad del conocimiento, la tarea y evaluación individuales, y la sanción y la disciplina; para un sistema productivo basado en la gestión del trabajo del conocimiento habrá que diseñar un sistema educativo que inculque conceptos y valores tales como la diversidad, la complejidad, la reflexión en la acción, la innovación, la autorregulación responsable, la educación emocional, el pensamiento sistémico y la actitud crítica, analítica y creativa para la resolución de problemas.

El desafío que deberá asumir el sistema educativo será el de formar personas que, además de desarrollar excelencia en su especialidad profesional, puedan pensar y actuar en escenarios complejos, tengan capacidad de emprendimiento y aprendizaje, desarrollen actitudes y habilidades para el trabajo en equipo, generen vínculos y compromisos confiables y, fundamentalmente, desarrollen una mentalidad basada en valores, orientada por una visión e impulsada por un propósito de vida.

Entendemos que el ámbito del trabajo y las empresas produce transformaciones a un ritmo más vertiginoso que otras instituciones de la sociedad civil y el Estado. Que el futuro llegó y en muchos aspectos nos encuentra bien dotados para un mundo que dejó de existir. Que esto constituye una de las causas de nuestras frustraciones y estrés laboral. Que los desafíos que nos plantean los nuevos escenarios laborales y sociales nos demandan no solo la incorporación de nuevas competencias, sino también replantearnos ideas y creencias como, por ejemplo, la concepción sobre la autoridad, la relación con nuestra profesión, el sentido del trabajo que realizamos, nuestra expectativa sobre lo que implica desempeñar funciones de conducción, el tipo de vínculos que queremos construir y en qué clase de organizaciones creemos que podemos desarrollarnos personal y laboralmente. Es en este escenario que podemos valorizar la importancia de desarrollar una concepción del liderazgo que dé cuenta de estos desafíos.

Conducción y liderazgo

La "era del desempeño" significa que vamos a ver surgir el liderazgo como el elemento más importante, el atributo de mayor demanda y menor oferta.
Tom Peters

A lo largo de los años se ha hablado y escrito mucho sobre liderazgo; se han desarrollado numerosas teorías y diversos abordajes. La visión tradicional concibe al líder como una persona carismática que posee características innatas y que a partir de estas particularidades realiza la conducción de sus "seguidores". Lo distintivo de su accionar es que ejerce influencia sobre los demás y determina sus conductas.

Estos supuestos implícitos en gran parte de las teorías del liderazgo están fuertemente arraigados en el "sentido común" de la mayoría de las personas y son los que, a nuestro entender, han impedido que se asuman los nuevos desafíos sociales y organizacionales.

Otra de las características de la diversidad de enfoques sobre el liderazgo es que se han utilizado como sinónimos expresiones como *gerenciamiento, management, liderazgo* o *conducción*. Entendemos que utilizar el término con tan diversas acepciones nos dificulta poder establecer con claridad nuestro objeto de estudio. Es por esto que vamos a comenzar por definir qué entendemos por liderazgo y en qué marco conceptual vamos a utilizar este término.

En este sentido nos parece importante realizar una distinción previa entre las nociones de "función" y "rol". Tomaremos para esto el marco conceptual desarrollado por Enrique Pichon-Rivière[10].

Toda empresa o institución asigna a los individuos que la componen una "función" específica que debe desarrollar. La función da cuenta de las responsabilidades principales de la persona en el puesto que ocupa. Por ejemplo, se pueden desempeñar las funciones de cadete, secretaria ejecutiva, gerente financiero, capataz de obra o presidente del directorio. Cualquiera sea el cargo, siempre presupone el desempeño de una función que se especifica a través de las responsabilidades que quien lo asume debe cumplir y las actividades que le corresponde realizar. Cuando la organización le confiere el poder formal a una persona para desempeñar una función, determina a quién debe reportar y quiénes dependen funcionalmente de él.

Por su parte, el "rol" es la particular forma en que cada persona ejerce la función que le fue establecida. El rol no está predeterminado, sino que surge del modo en que el individuo encarna el cargo que desempeña, de la impronta personal que le confiere a la función que realiza. La misma función gerencial la puede ejecutar una persona desde un rol de liderazgo y otra desde un rol autoritario. También adquiere características situacionales y contingentes, ya que

---

10 Pichon-Rivière, Enrique: *El proceso grupal.* Nueva Visión, Buenos Aires, 1999.

el rol puede variar de acuerdo con los distintos momentos y con los roles que desempeñen otros integrantes de la organización o del equipo de trabajo. Por ejemplo, una persona puede realizar su función de gerente desde un rol de liderazgo, pero en las reuniones del equipo gerencial desempeñar el rol de mediador o negociador.

Si bien la función y el rol se articulan permanentemente y muchas veces en la práctica concreta se expresan indiferenciados, a los efectos de abordar el fenómeno del liderazgo nos parece importante realizar esta distinción. Por lo tanto, cuando hablemos de "conducción" estaremos haciendo referencia a una función (director, gerente, jefe, supervisor, capataz, etc.) y cuando hablemos de "liderazgo" nos estaremos refiriendo al desempeño de un rol, es decir, al modo en que la persona realiza esa función.

Desde esta perspectiva, *el liderazgo es una opción y no una posición.* Conducir desde el liderazgo implica en primer lugar una decisión personal con una fuerte implicancia ética acerca de la manera en que cada uno resuelve desempeñar la función asignada.

A los efectos de avanzar en el desarrollo de nuestro marco conceptual es fundamental remarcar esta distinción entre conducción y liderazgo (entre función y rol), ya que en la cotidianidad del ámbito empresario muchas veces se utilizan estas mismas palabras con otro sentido. Por ejemplo, cuando en una empresa a alguien se lo designa como "líder de proyecto" o "líder de equipo", en realidad se le está otorgando una función, un puesto en el organigrama y no un rol de liderazgo.

La primera conclusión a la que podemos arribar es que *la función formal de conducción no implica de por sí liderazgo.* Se puede conducir o ser jefe sin desempeñar el rol de liderazgo, y también se puede ejercer el liderazgo sin poseer la función de conducción.

Conducir desde el liderazgo

> *Para conducir a los hombres, camina*
> *detrás de ellos.*
> Lao Tsé

A nuestro entender, para desempeñar en forma efectiva su función, toda persona que ocupe un puesto de conducción o dirección debe ejercer dos tipos de roles diferenciados, pero absolutamente interrelacionados: el rol de administrador y el rol de liderazgo. Los dos roles son necesarios, complementarios e interdependientes. No existe un rol más importante que el otro. Es un error contraponer la gestión al liderazgo. Según John Kotter[11]: "El liderazgo no es necesariamente mejor que la gestión o un reemplazo de ella. Por el contrario, el liderazgo y la gestión son dos sistemas de acción distintos y complementarios. Cada uno tiene sus propias actividades características. Ambos son necesarios para tener éxito en un entorno de negocios cada vez más complejo y volátil".

Los roles de la función de conducción

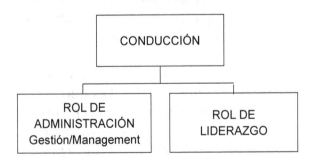

El rol de administrador está relacionado con la gestión (management), y sus actividades son el diseño de estrategias,

---

11 Kotter, John: "Lo que de verdad hacen los líderes", artículo publicado en *Líderes*. Harvard Business Review, Deusto, Barcelona, 1999.

la fijación de objetivos, la elaboración de presupuestos, la administración de recursos, la organización de estructuras y procesos, el establecimiento de etapas, la planificación e implementación de las acciones necesarias para el cumplimiento de metas, y el control de resultados. La gestión aporta orden y consistencia al funcionamiento organizacional. Nadie que conduce está exento de realizar estas tareas en mayor o menor medida.

La gestión (el rol de administrador) es absolutamente necesaria pero definitivamente insuficiente para desempeñar en forma efectiva cualquier función de conducción, tanto de un pequeño equipo de trabajo como de una gran organización. En tal sentido Stephen Covey[12] plantea que "tanto la administración como el liderazgo son vitales y cualquiera de ellos, sin el otro, es insuficiente".

Cuando quien ejerce la conducción presupone que las personas son solo un recurso más que tiene que administrar (un "recurso humano"), se limita a ser "jefe", es decir, desarrolla su función a través de su rol de administrador en forma exclusiva. Básicamente este ha sido el esquema de funcionamiento de la empresa tradicional. En este caso se podrá esperar acatamiento de sus subordinados, pero difícilmente motivación, compromiso e implicación con la tarea.

Solo cuando quien conduce reconoce que las organizaciones son comunidades de personas y no conjuntos de recursos humanos, cuando percibe la importancia de movilizar el talento y el conocimiento colectivo para el logro de los objetivos propuestos, cuando entiende que los seres humanos no pueden ser "administrados", cuando advierte que el único camino para que las personas agreguen valor a la tarea que desempeñan es que sean valoradas y reconocidas como tales y que encuentren un sentido en el trabajo

---

12 Covey, Stephen: "El liderazgo es un arte que posibilita", publicado en *De líder a líder*. Ediciones Granica, Buenos Aires, 2010.

que realizan, toma conciencia de la importancia de ejercer los roles de administrador y liderazgo en forma conjunta. Así lo señala Henry Mintzberg[13]: "Los directivos tienen que liderar y los líderes tienen que dirigir. La dirección sin liderazgo es estéril y el liderazgo sin dirección está desconectado y fomenta la fatuidad".

Este es un proceso de cambio que vienen transitando las empresas y es en este sentido que Warren Bennis[14] afirma que la mayor parte de las organizaciones están sobreadministradas y sublideradas. En la misma línea de análisis, John Kotter sostiene que "la mayoría de las corporaciones estadounidenses tienen exceso de gestión y escasez de liderazgo".

Una de las conclusiones de la encuesta sobre "Cultura organizacional de grandes y medianas empresas en Argentina"[15] expresa: "Parecería haber una distancia aún existente entre el discurso que sostienen los nuevos paradigmas del liderazgo y las realidades en las organizaciones. Los managers de las grandes empresas en la Argentina son percibidos más como administradores de rutinas y procesos que como líderes emprendedores, innovadores y desarrolladores del capital humano".

Conducir desde el liderazgo supone convertirse en un facilitador del desempeño, implica contribuir al desarrollo de las personas y a mejorar la efectividad colectiva. El liderazgo tiene que ver con la gestión del factor humano en la tarea de la conducción organizacional y se centra en los individuos y en las relaciones interpersonales.

Quien conduce desde el liderazgo se compromete a tener una doble mirada, a prestar su atención en forma

---

13 Mintzberg, Henry: *Directivos, no MBAs.* Deusto, Barcelona, 2005.
14 Bennis, Warren y Nanus, Burt: *Líderes - Estrategias para un liderazgo eficaz.* Paidós, Buenos Aires, 1995.
15 Regatky, Ariel: "El liderazgo", newsletter Nº 3 de la consultora RHO, Buenos Aires, 2002.

constante a dos aspectos diferentes pero profundamente relacionados: por un lado, al logro de los objetivos y a la efectividad organizacional, y, por el otro, al desempeño y al desarrollo de las personas y del equipo que lidera.

Poder y autoridad

Los líderes no nacen, sino que se hacen a sí mismos: el liderazgo es la consecuencia de las elecciones.
Steven Covey

"¿Cuál es su filosofía sobre el liderazgo?", preguntó el presidente Nelson Mandela mientras servía una taza de té a su joven interlocutor. "¿Cómo inspira a su equipo para que ofrezca el máximo rendimiento?", completó mientras el sol inundaba su despacho. "Dando el ejemplo, siempre intento liderar con el ejemplo", respondió François Pienaar, capitán de la Selección de rugby sudafricana. "Es exactamente así", aprobó Mandela, y mirando al rubio rugbier agregó: "Pero, ¿cómo hacer para que sean mejores de lo que creen que son? La inspiración, tal vez. Necesitamos inspiración para superar nuestras expectativas"[16].

Para poder inspirar, para generar un espíritu de equipo, un sentido de propósito del trabajo compartido, para que el ejemplo de quien lidera sea creador de una cultura basada en la ética y en la integridad, es necesario que la gente que es conducida le adjudique autoridad a quien conduce, basada en sus méritos profesionales, en sus valores y conducta personal.

Es por esto que es fundamental hacer esta distinción entre "poder" y "autoridad". El poder es la autoridad formal

---

16 Mandela, Nelson: *El largo camino hacia la libertad*. Aguilar, Buenos Aires, 2013.

que surge del puesto que la persona ocupa o la función que desempeña. A todo aquel que ejerce una posición de conducción la organización le otorga un espacio de poder. Este poder aumenta en la medida en que se sube en la escala jerárquica. El desempeño del rol de administrador puede ejercerse con el poder formal que confiere el puesto designado por la organización.

Por su parte, el rol de liderazgo presupone desarrollar una conducta que genere que las personas le adjudiquen a quien conduce autoridad en el desempeño de su función. *El liderazgo se sustenta en la autoridad personal y profesional* y no en el poder de la jerarquía organizacional. Gran parte de la autoridad se basa en la ascendencia. Ella requiere ser "ganada" no solo con el equipo que la persona dirige, sino también con los integrantes de las distintas áreas de las que depende el éxito de su tarea, sean colegas o superiores.

Seguramente muchos han escuchado o dicho alguna vez la frase "Aquí el que sabe trabaja y el que no, es jefe". Sin duda lo que se está queriendo expresar es que la gente que trabaja en ese lugar le reconoce el poder formal al jefe, pero no le adjudica autoridad.

Se puede ejercer la jefatura con poder y sin autoridad, pero para ejercerla con liderazgo se requiere de ambos en forma simultánea. Es decir, se puede mandar con poder, pero para liderar hace falta construir autoridad. También puede suceder que alguien que no ostente la función de conducción pueda ejercer el liderazgo con autoridad y sin poder. Cualquier persona de un equipo puede desempeñar el rol de liderazgo en algún momento y circunstancia determinados, siempre y cuando sus compañeros de equipo le atribuyan autoridad para hacerlo.

El paradigma de la influencia en el liderazgo

La pasión de dominar es la más
terrible de todas las enfermedades
del espíritu humano.
Voltaire

Dijimos anteriormente que mucho se ha escrito sobre liderazgo, y tal vez sea el tema que mayor interés ha concitado en el mundo de las empresas en los últimos tiempos. Se lo ha analizado desde distintas concepciones y puntos de vista. Si realizamos una recorrida por la diversa bibliografía producida en estos años, veremos que el aspecto en común que tienen la mayoría de las teorías desarrolladas es que abordan la problemática del liderazgo haciendo foco en el tema de la influencia.

Es así que el *Diccionario de Ciencias de la Conducta* define el liderazgo como las "cualidades de personalidad y capacidad que favorecen la guía y el control de otros individuos". Otras definiciones son: "el liderazgo es un intento de influencia interpersonal dirigido a través del proceso de comunicación al logro de una o varias metas", "es el arte de influir sobre la gente para que trabaje con entusiasmo en la consecución de objetivos en pro del bien común". Este enfoque del liderazgo fundado en el "paradigma de la influencia" lleva implícita la creencia de que liderar es influir para "hacer que el otro haga lo que yo quiero".

Un destacado exponente de este enfoque del liderazgo es Ken Blanchard, quien sostiene que "cada vez que uno intenta influir en la conducta de otra persona para lograr los objetivos de una organización, realiza una acción de liderazgo"[17]. Este enfoque tiene sus variaciones y puede oscilar entre la persuasión y la manipulación. En uno de sus

---

17 Blanchard, Ken y Carlos, John: *Las 3 claves para el empowerment*. Ediciones Granica, Buenos Aires, 2000.

libros[18], este autor plantea un método de "motivación" de las personas basado en el análisis de lo que hacen los entrenadores de orcas para lograr amaestrar a las llamadas *ballenas asesinas*. Es decir, este paradigma de la influencia está basado en una concepción conductista y en una ética de la manipulación, y si bien sigue teniendo vigencia y muchos seguidores, ha demostrado su inefectividad con respecto a los desafíos surgidos en los nuevos escenarios organizacionales y sociales.

Gestionar el trabajo del conocimiento implica movilizar los saberes, la iniciativa, la creatividad y la energía colectiva en pos de objetivos determinados. Supone comprender que quien conduce no tiene todas las respuestas ni todo el conocimiento requerido, por lo cual de poco sirve que solo centre su energía en influir en los demás para que hagan lo que él quiere.

A nuestro entender, el fracaso verificado al querer llevar a la práctica estas teorías y modelos desarrollados bajo el paradigma de la *influencia* se debe a que no son más que una versión modernizada de la concepción tradicional de "mando-control", donde se pretende cambiar la orden por la influencia. Desde esta perspectiva no debe resultar extraño que en las encuestas de "clima organizacional" se observe que un gran porcentaje de personas sienten que no crecen profesionalmente, que solo aportan entre un veinte y un treinta por ciento de su capacidad productiva y que no tienen posibilidades de desarrollarse en su ámbito laboral. Tampoco nos debe sorprender que esto produzca frustración, desmotivación y baja productividad.

Para conducir a quienes trabajan con su conocimiento, el objetivo de la influencia se desplaza a un segundo plano ya que, al no tratarse de un trabajo secuencial y

---

18 Blanchard, Ken: *¡Bien hecho! Cómo obtener mejores resultados mediante el reconocimiento.* Norma, Barcelona, 2002.

repetitivo, quien conduce depende del saber y el hacer de sus subordinados y, por lo tanto, su objetivo desde el liderazgo es movilizar el conocimiento colectivo y lograr que las personas encuentren un ámbito que les posibilite desplegar su potencial, que los incite a sacar lo mejor de sí mismos y los estimule a crear, innovar y mejorar sus niveles de rendimiento.

Para que esto sea posible debemos pensar el liderazgo desde un "paradigma del desarrollo personal y organizacional", que esté enfocado en generar las condiciones organizacionales para que estos saberes interdisciplinarios se puedan coordinar y potenciar en forma efectiva. Es en este sentido que quien ejerce el liderazgo debe construir una Visión Compartida y establecer un propósito mediante el cual los esfuerzos individuales cobren sentido y el trabajo colectivo genere pasión y entusiasmo. Quien conduce debe actuar como facilitador para destrabar las dificultades individuales y colectivas, viabilizar el aprendizaje y estar al servicio del desarrollo personal y profesional de cada uno de sus colaboradores. Es desde este paradigma que planteamos el concepto de líder-coach.

Los valores en el liderazgo

> *Ser líder significa, sobre todo, tener*
> *la oportunidad de crear una*
> *diferencia importante en la vida de*
> *quienes permiten a los líderes liderar.*
> Max De Pree

Otra de las características que comparten todas las concepciones que enfocan el liderazgo desde el paradigma de la influencia es suponer que su ejercicio no implica poseer ni desarrollar ningún tipo de valores. No se pone en cuestión el *para qué* se practica el liderazgo ni cuáles son los propósitos de quien lidera. Lo que se supone que determina la condición de líder de una persona es el poder formal o informal que ejerce hacia el resto. El análisis se centra en cómo influenciar a los demás para que realicen las acciones o adopten las conductas de acuerdo con los objetivos de quien lidera, pero en ningún momento se realiza una valoración ética de esas metas.

El teórico del liderazgo y catedrático de la Universidad de Harvard Ronald Heifetz[19] aborda esta cuestión señalando que: "Por lo general se considera que todas estas teorías están libres de valores, pero lo cierto es que sus valores están ocultos. El hecho de que la teoría sitúe a Hitler en la misma clasificación general que Gandhi o Lincoln, no hace que la teoría esté libre de valores. Por el contrario, simplemente deja implícito su valor central: la influencia".

Estos enfoques del liderazgo, despojados de valores y centrados en la influencia, dan cuenta de por qué en forma corriente se escucha hablar de manera indistinta de líder político, líder religioso, líder de la banda de asaltantes o líder de una "barra brava", como si el liderazgo no implicara valores o conductas éticas. Lo que siempre queda excluido del análisis desde estos enfoques es el propósito con el cual se ejerce el liderazgo.

Ronald Heifetz avanza en su análisis y señala uno de los aspectos centrales de su cuestionamiento a estas teorías: el hecho de que se prioricen los medios sobre los fines. "Al afirmar que el sello del liderazgo es la influencia sobre los resultados, estos teóricos penetran inconscientemente en el reino del valor. El liderazgo como influencia promueve implícitamente la influencia como valor orientador, perpetuando la confusión entre medios y fines", advierte el autor.

---

19 Heifetz, Ronald: *Liderazgo sin respuestas fáciles.* Paidós, Buenos Aires, 1997.

Esta Visión está implícita en el conjunto de los desarrollos conceptuales realizados bajo el paradigma de la influencia, aunque algunos lo planteen de forma más manifiesta que otros. Daniel Goleman, quien se hizo conocido por su concepto de *inteligencia emocional*, cuando aborda el tema del liderazgo también lo hace desde este paradigma. En un trabajo realizado junto a otros autores[20] desarrolla una clasificación de distintos tipos de liderazgo que a su vez pueden ser vistos como diferentes formas de intervención de una misma persona según las circunstancias. Cuando explica el "estilo autoritario" del liderazgo sostiene: "A pesar de sus manifiestas secuelas negativas, el estilo autoritario puede ocupar un lugar importante –adecuadamente utilizado– en el repertorio de recursos del líder emocionalmente inteligente".

Me permito disentir con este planteo. En nuestra concepción, una forma de conducción autoritaria no puede ser calificada de liderazgo. Es por esto que sostenemos que debemos repensar el liderazgo desde una óptica diferente, y proponemos hacerlo desde el paradigma del desarrollo personal y organizacional, donde el despliegue de la potencialidad individual y colectiva sea el hecho distintivo del liderazgo y su accionar sea coherente con los valores que conllevan estos propósitos.

Obviamente esto no supone desconocer que en el liderazgo están implícitas las acciones de influir y persuadir, pero las consideramos funciones complementarias en una actividad enfocada a liberar las potencialidades humanas y a facilitar el desarrollo de la productividad y efectividad individual y colectiva. Son estos principios los que le establecen su impronta al concepto de *líder-coach*.

---

20 Goleman, Daniel; Boyatzis, Richard; McKee, Annie: *El líder resonante*. Plaza & Janés, Barcelona, 2002.

Líder-coach: de la influencia al desarrollo

*Liderazgo significa que el líder debe
ayudar de manera activa a sus
colaboradores a alcanzar su máximo
potencial de liderazgo.*
Warren Bennis

En este marco conceptual haremos foco en el concepto de "liderazgo", más que en la idea de "líder". En primer lugar, porque cuando se menciona que alguien es líder (de una organización, de un equipo, etc.) generalmente se está haciendo referencia al lugar que ocupa, a la función que desempeña. Por otra parte, cuando decimos que alguien es líder parece que estamos dando cuenta de su identidad como persona. Es decir, que si es líder siempre va a ser líder, o de lo contrario, si no lo es nunca llegará a serlo.

Lo cierto es que en la vida esto no funciona así y, por lo tanto, nos parece más adecuado hablar de liderazgo como una actividad que puede desarrollar cualquier persona en determinado momento y contexto, teniendo en cuenta que el liderazgo siempre es situacional. Puede ser que alguien actúe en un momento desde el liderazgo y en otra circunstancia lo haga desde el autoritarismo. Puede ser que alguien intervenga desde el liderazgo con su equipo de trabajo y no lo haga con sus hijos. O al revés.

Por lo tanto, priorizamos el estudio del liderazgo por sobre el análisis de los líderes. Considerar al liderazgo como una actividad y un rol nos posibilita abandonar las viejas concepciones descriptivas de características o tipologías y abrirnos a una perspectiva que aborde un modelo conceptual acerca de los comportamientos y actitudes que caracterizan actuar desde el liderazgo.

El paradigma tradicional concibe que el líder tiene seguidores y ejerce influencia sobre ellos. Sostenemos que conducir desde el liderazgo implica generar las condiciones que posibiliten el desarrollo de nuevos líderes. Liderar supone ayudar a que otras personas expandan su potencial y mejoren su desempeño a los efectos de lograr resultados individuales y colectivos que no parecían posibles hasta entonces. En tal sentido, *líder-coach es quien desempeña la acción del liderazgo desde el compromiso con el desarrollo de otros líderes.*

Así como cuando definimos una competencia profesional debemos establecer los comportamientos asociados que puedan dar cuenta de la existencia de esa competencia, para poder definir con claridad las características del líder-coach debemos preguntarnos cuáles son las responsabilidades fundamentales e indelegables del liderazgo, es decir, cuáles son las acciones que debe desempeñar toda persona que ejerza el liderazgo desde el paradigma del desarrollo.

Entendemos que existen cinco responsabilidades básicas que definen las conductas del líder-coach:

1. Construir una Visión Compartida.
2. Delegar poder y crear responsabilidad.
3. Generar sinergia y trabajo en equipo.
4. Facilitar el desarrollo de las potencialidades.
5. Predisponer emocionalmente.

Desarrollaremos cada uno de estos comportamientos en los diferentes capítulos de la segunda parte del libro, pero antes de abordarlos en profundidad vale aclarar que todos están intrínsecamente vinculados y establecen una relación de interdependencia, por lo cual para que funcione este modelo conceptual es menester que todos ellos se manifiesten en la práctica concreta.

Los obstáculos más grandes: nuestras propias indecisiones; nuestro enemigo más fuerte: el miedo al poderoso y a nosotros mismos; la cosa más fácil: equivocarnos; la más destructiva: la mentira y el egoísmo; la peor derrota: el desaliento; los defectos más peligrosos: la soberbia y el rencor; las sensaciones más gratas: la buena conciencia, el esfuerzo para ser mejores sin ser perfectos y, sobre todo, la disposición para hacer el bien y combatir la injusticia donde quiera que esté.

Miguel de Cervantes

Segunda parte

LOS COMPORTAMIENTOS DEL LÍDER-COACH

CAPÍTULO 3

Construir una Visión Compartida

Un propósito conjunto

> *Si quieres construir un barco,*
> *no empieces por buscar madera, cortar*
> *tablas o distribuir el trabajo.*
> *Evoca primero en los hombres y mujeres*
> *el anhelo del mar libre y ancho.*
> Antoine de Saint-Exupéry

Uno de los compromisos fundamentales que asume el líder-coach es construir junto a sus colaboradores una Visión que le asigne sentido y propósito al accionar que realizan en forma cotidiana. La Visión surge de la respuesta a dos preguntas que subyacen en el espíritu de todo grupo humano que realiza una actividad en conjunto: ¿qué es lo que queremos construir juntos? y ¿de qué forma vamos a trabajar para lograrlo?

Dar respuesta a la primera pregunta presupone mucho más que establecer los objetivos que queremos lograr, implica forjar la imagen de un futuro hacia el que nos dirigimos y por el cual vale la pena aportar nuestro compromiso, nuestras ideas y capacidad de acción. La Visión Compartida es la aspiración común de un equipo o una organización y una descripción evocadora de lo que sus miembros desean crear.

Pero la Visión no es solo un futuro deseado o un sueño a construir en forma conjunta. No marca únicamente una direccionalidad hacia la que se encamina una organización o un grupo de personas, sino que supone explicitar y consensuar la manera en que se va a transitar ese camino. Es decir, definir en forma conjunta cómo se va a interactuar, el estilo y la calidad del trabajo a realizar, qué tipo de vínculos se va a establecer entre los miembros del grupo y con los clientes y proveedores. Implica instaurar un conjunto de principios, valores y formas compartidas de realizar las actividades.

Cuando la gente comparte una Visión está vinculada por una aspiración común. Cuando la Visión deja de ser una idea abstracta y logra el respaldo del conjunto de la organización, se arraiga en el corazón de sus integrantes y se convierte en una fuerza de impresionante poder. Crea una sensación de vínculo común que impregna la organización y, al generar un anhelo de construir algo con otras personas y un deseo de estar conectados en una tarea a la que se le asigna trascendencia y propósito, brinda coherencia y sentido a todas las actividades. Establece un destino común que es digno del compromiso de los integrantes de la organización.

Las características de la Visión

El peor peligro no es que nuestra meta
sea muy alta y no la alcancemos,
sino que sea muy baja y la logremos.
Miguel Ángel

La Visión debe poseer suficiente fuerza e interés como para actuar como un atractor de la voluntad y la iniciativa de las personas que la comparten, movilizando la energía y los esfuerzos para superar todo tipo de escollo que se pudiera presentar. Debe generar pasión y entusiasmo al aportar un propósito que le otorgue significado a la tarea cotidiana. Para esto debe ser desafiante y motivadora, ya que establecer una Visión es un hecho de esperanza y de coraje.

De nada valdrá la Visión más interesante si no es asumida como propia por la gente que está involucrada en el proceso de alcanzarla. Esto sucede cuando las personas sienten que la Visión es *muy bonita* pero no les concierne a ellos en forma personal y no les *hace sentido* en su existencia particular. La Visión Compartida debe estar alineada con la Visión Personal de los miembros de la organización o el equipo de trabajo. La Visión debe ser relevante y valiosa para cada uno de los integrantes. Al decir de Robert Fritz: "No importa lo que la Visión es, sino lo que la Visión logra".

Para que todos asuman la Visión como propia, debe poseer dos condiciones imprescindibles. En primer lugar, debe estar constituida por un conjunto de valores que determinen una forma de relacionarse y de gestionar el trabajo que implique una mejor calidad de vida para las personas involucradas y que suponga un crecimiento y un beneficio directo para ellas.

Muchas veces se puede observar que las empresas formulan maravillosos y altisonantes enunciados de la Visión donde se expresan posiciones de liderazgo en el mercado, una permanente y revolucionaria innovación tecnológica, una supuesta contribución al cliente y a la sociedad. Uno podría presuponer que los miembros de esa empresa se sienten orgullosos de pertenecer a ella, pero luego comprobamos que la gente que trabaja ahí no se considera involucrada ni comprometida con tal Visión. Sienten que es "la Visión de ellos" y no "nuestra Visión".

Pero también podemos observar la actividad desarrollada en empresas donde su gente está profundamente comprometida con la Visión y esto se manifiesta a través del accionar cotidiano de las personas, en su involucramiento con las tareas que desarrollan, en la forma en que perciben su vínculo con la organización y en la manera de relacionarse e interactuar.

Para dar un ejemplo podemos mencionar a una empresa que se destaca en este sentido. La cadena de hoteles Four Seasons, de origen canadiense, define como su valor central "una profunda e inculcada ética de servicio personal"[21] y la señala como su principal ventaja competitiva. También relacionan la Visión del negocio con su forma de trabajo y con el rol que les asignan a los integrantes de la organización: "Nuestro mayor valor y la llave de nuestro éxito es nuestra gente. Creemos que cada uno de nosotros necesita un sentido de dignidad, orgullo y satisfacción en lo que hacemos. Porque satisfacer a nuestros huéspedes depende de un esfuerzo unido de todos. Somos más efectivos cuando trabajamos en conjunto, de una manera cooperativa, respetando la contribución e importancia de cada uno".

En el ítem donde definen "Cómo nos comportamos" manifiestan: "Demostramos más significativamente nuestras creencias en la manera como nos tratamos unos a otros y por el ejemplo que damos a los demás. En todas las interacciones con nuestros huéspedes, asociados de negocios y colegas, buscamos tratar con otros así como quisiéramos que ellos nos traten a nosotros".

Considero que es un buen ejemplo de cómo una Visión puede definir no solo "qué" se quiere conseguir, sino también "cómo" se lo va a lograr, con qué valores, con qué estilo de trabajo, y cómo esto incide en la vida diaria de los integrantes de la empresa.

---

21 Four Seasons Hotel, Buenos Aires, *Acuerdo mutuo de calidad en el trabajo y atención a empleados,* agosto de 2005.

El otro aspecto fundamental para que los miembros de la organización asuman esta Visión como propia es que esta no sea solo una expresión de buena voluntad, sino que esté personificada y encarnada por todos y cada uno de los líderes de la organización. Quienes conducen desde el liderazgo deben encarnar esta Visión y estos valores con firmeza, constancia y coherencia entre el decir y el hacer, de manera tal que cuando la gente observe a esas personas esté viendo la Visión.

En el caso del Four Seasons me consta –por el hecho de haber tenido la oportunidad de entrenar a muchos de sus gerentes en temas de liderazgo y coaching– que la empresa mantiene una profunda coherencia entre sus enunciados y sus prácticas cotidianas.

Toda organización o equipo de trabajo liderado desde una Visión Compartida convoca a su gente alrededor de un destino común, establece un propósito que genera sentido y compromiso con la labor compartida y, a su vez, proporciona criterios de decisión y límites de actuación.

Visión y valores

Creer que lo que no ha ocurrido
hasta ahora no ocurrirá jamás
es no creer en la dignidad
del hombre.
Mahatma Gandhi

Los valores desempeñan un rol central en toda Visión, ya que no solo determinan las pautas de lo que se quiere construir en forma colectiva, sino que actúan de guía en el hacer habitual, señalan por dónde conducirse hacia el destino deseado y establecen aquello con lo que se espera contribuir al entorno social.

Los valores que conforman la Visión guían la conducta del conjunto de los integrantes construyendo una identidad colectiva y una particular forma de comprender la realidad organizacional. Establecen la concepción que se tiene sobre la naturaleza del trabajo, las relaciones interpersonales y las formas de vincularse con aquellos a quienes se les brinda un servicio. Los valores compartidos despiertan una fuerza interior que estimula la acción y orienta en la toma de decisiones.

En un mundo en permanente cambio, donde rotan los productos, cambian las estrategias y se modifican las estructuras, la permanencia de valores firmemente establecidos provee una identificación organizacional, crea un horizonte de previsibilidad y un marco de seguridad en el cual sus integrantes sienten que pueden desarrollarse a nivel personal y profesional.

Asimismo, las empresas generalmente tienen áreas con objetivos y rutinas muy diferentes o sedes en distintos lugares o países, lo que muchas veces genera "subculturas" muy disímiles. En estos casos se revaloriza la importancia de la Visión, ya que el hecho de que las diferentes áreas compartan los valores centrales posibilita generar sentido de pertenencia, identidad colectiva y compromiso con la organización.

Los valores tienen la virtud de ayudar a establecer la frontera no explícita de la cultura organizacional. Cuando existen acciones o conductas que no están claramente establecidas, cuando hay bordes difusos acerca de lo que se puede y no se puede, de lo que se debe y no se debe, son los valores los que establecen un criterio para la toma de decisiones y marcan un estilo acerca de las conductas cotidianas de los miembros de la organización. Constituyen los carriles dentro de los cuales se mueven y se relacionan sus integrantes en función de un propósito común.

Liderar la Visión, construir la cultura

> *Todo lo que vívidamente imaginemos,*
> *ardientemente deseemos, sinceramente*
> *creamos y con entusiasmo emprendamos...*
> *inevitablemente sucederá.*
> Paul Meyer

Cuando decimos que una de las responsabilidades centrales del líder-coach es "envisionar" a las personas con las cuales mantiene una responsabilidad, construir en forma conjunta una Visión que genere compromiso y movilice la energía colectiva, estamos persuadidos de que la única forma posible de lograrlo es con el ejemplo y la conducta cotidiana. Quien lidera debe simbolizar los valores que sustenta y debe convocar desde sus actitudes y comportamientos.

La Visión, junto con las ideas rectoras, los valores y el sistema de creencias, conforma una parte central de la cultura organizacional que orienta las conductas de los integrantes de la organización. El liderazgo implica la responsabilidad de construir y desarrollar esta cultura, transmitiendo los valores centrales al actuar con coherencia y compromiso.

Otra responsabilidad del liderazgo es alinear la Visión, la estrategia y los valores para obtener los objetivos propuestos, tanto a nivel global de una empresa como de un equipo de trabajo. En este sentido, la Visión Compartida crea un orden sin imponerlo, ya que está internalizado en las personas.

La Visión Compartida y la cultura organizacional definen un modelo de comportamiento y actúan como guía del accionar conjunto. Cuando hay acuerdo de valores el consenso que se logra es fruto de una convicción colectiva. Si quien lidera vive con coherencia los valores que pregona, no solo transmite la Visión, sino que la *personifica*.

Si hablamos de liderazgo, de encarnar la Visión y los valores que sustenta, se nos hace necesaria la referencia a ese gran líder que fue Mahatma Gandhi. Su frase "Seamos el cambio que queremos ver en el mundo" define con absoluta claridad cuál fue su prédica y su ética de comportamiento. Con esta convicción, cuando cierta vez un periodista le pidió un mensaje para la humanidad, Gandhi le dijo: "Mi vida es mi mensaje". Es desde este lugar de coherencia entre el decir y el hacer que los líderes construyen la autoridad que le es otorgada por las otras personas.

Cuando estás inspirado por un gran propósito, algún proyecto extraordinario, todos tus pensamientos rompen sus ataduras. Tu mente trasciende sus limitaciones. Tu conciencia se expande en todas las direcciones. Te encuentras, de repente, en un mundo grande y maravilloso. Fuerzas, facultades y talentos que estaban dormidos vuelven a la vida y descubres en ti mismo una persona mucho más grande de lo que nunca hubieras soñado ser.

Yoga Sutras del Patanjali

CAPÍTULO 4

Delegar poder y crear responsabilidad

Movilizar el potencial colectivo

*El arte de dirigir consiste en
saber cuándo hay que dejar
la batuta para no molestar a la
orquesta.*
Hebert von Karajan

Cuando se conduce desde el modelo de "mando-control" el foco está puesto en indicar la actividad que debe desempeñar el subordinado y luego controlar su acatamiento. Asimismo, cuando se pretende liderar desde el paradigma de la influencia la cuestión es cómo "delegar tareas", pero quien conduce también controla el cumplimiento de la labor asignada.

En ambos casos el poder está centralizado y se ejerce de manera unilateral, ya que solo quien conduce conoce los objetivos a lograr y, a su vez, se responsabiliza individualmente de su cumplimiento. En este tipo de organización y conducción del trabajo, en el mejor de los casos las personas realizan un correcto desempeño de la tarea asignada, pero difícilmente se comprometen con el logro de los objetivos colectivos. Esto generalmente trae desmotivación y falta de involucramiento con la actividad encomendada, lo que deviene en baja calidad, falta de coordinación y cooperación entre los componentes del grupo de trabajo y, por lo tanto, en escasa productividad organizacional.

Para solucionar esto muchas empresas han puesto en práctica actividades motivacionales, han diseñado estructuras menos jerárquicas, han brindado capacitación u otorgado mejor remuneración… y sin embargo no han logrado los resultados esperados.

En el modelo de líder-coach se pasa del estilo de conducción de "delegar tareas" al de "delegar poder", ya que el objetivo no se reduce a cumplir el trabajo de acuerdo con lo establecido por el jefe, sino que se requiere movilizar el potencial colectivo para que todos los integrantes aporten su saber y energía en el logro de los objetivos compartidos.

Para que esto sea posible no basta con que la persona que va a realizar el trabajo conozca la tarea que debe desempeñar y los estándares que debe cumplir, sino que también es menester que comprenda en qué contexto se inscribe esa tarea, cómo se interrelaciona con el accionar de los otros miembros del equipo, qué objetivos se pretende lograr y cómo se conectan con los del conjunto de la organización. Solo se logra que las personas se comporten con compromiso y responsabilidad y que esto se traduzca en productividad organizacional cuando todos tienen claro cuáles son los objetivos a lograr y cuáles las acciones a realizar, y a su vez, tienen conciencia respecto de qué manera su trabajo contribuye a los resultados finales.

Al encontrarle un sentido al trabajo realizado, las personas se podrán sentir parte de un colectivo laboral y estarán motivados para aportar su saber y su capacidad a los efectos de agregarle valor a la tarea asignada y lograr los mejores resultados como equipo de trabajo.

Cuando se conduce desde el liderazgo, el equipo de trabajo comparte la Visión y conoce los objetivos establecidos para avanzar hacia ella. Al sentirse partícipe en una construcción colectiva se genera en cada integrante una sensación de logro personal, un sentido de pertenencia y una percepción de autoestima y control sobre la propia vida. Es a partir de este estado de compromiso con el trabajo y con quien lidera que se puede movilizar el conocimiento, la creatividad y la iniciativa individual y grupal en un clima de confianza y entusiasmo. Se genera el espacio y la motivación para aportar y agregar valor al desempeño individual y colectivo, y al sentirse respetados y considerados pueden conferirle autoridad a quien los conduce.

Peter Drucker[22] expresa esto en una frase de gran contundencia: "El único camino para mejorar la productividad en trabajos del saber y de los servicios es la asociación con el trabajador responsable. No funciona absolutamente nada más".

El jefe ya no es solo alguien que, por la posición que ocupa, tiene el poder de asignar tareas y controlar su ejecución, sino que quien conduce es reconocido en su liderazgo y se le asigna autoridad en el ejercicio de su función. Es quien consensúa las decisiones, propone desafíos, facilita el trabajo grupal, acompaña al equipo a alcanzar los resultados propuestos e incentiva el desarrollo de sus integrantes. Hace foco en el logro de los objetivos y no en el seguimiento de las tareas.

La responsabilidad de quien asume el liderazgo desde el paradigma del desarrollo es crear las condiciones para que las personas actúen con autonomía y responsabilidad, desplieguen su potencialidad y capacidad de acción, y puedan aportar lo mejor de sí mismas sumando sus conocimientos y capacidades.

---

22 Drucker, Peter: *La sociedad poscapitalista*. Sudamericana, Buenos Aires, 1993.

El empoderamiento como tarea del liderazgo

El más poderoso es aquel que tiene
poder sobre sí mismo.
Lucio Séneca

En este marco laboral, en esta cultura de trabajo se inscribe el concepto de "empoderar". Presupone no solo liberar el poder interior de las personas que las impulse con vigor y decisión hacia la acción, sino también transmitir y compartir el propio poder de quien lidera con su gente. Y esto tiene su lógica, ya que si quien conduce no se conforma con que las personas "cumplan órdenes", sino que pretende que se responsabilicen por el logro de los objetivos, que aporten sus conocimientos, que agreguen valor al trabajo realizado, que desplieguen su talento y resuelvan con creatividad cualquier posible problema, debe otorgar poder. *Quien no otorga poder ni concede autonomía, no puede reclamar responsabilidad y compromiso.* Ambas son caras de la misma moneda.

Uno de los aspectos distintivos del paradigma de "mando-control" es establecer el control fuera de la persona. Desde esta lógica la empresa contrata la capacidad de trabajo, la "mano de obra" del individuo. Es el jefe el que le indica qué hacer, cómo hacerlo, y se encarga de controlar que lo haga. No se le pide iniciativa, sino acatamiento. No se le reclama creatividad, sino disciplina.

Esta modalidad de organizar y conducir el trabajo da buenos resultados cuando la labor a realizar es previsible, repetitiva y secuencial, pero cuando se requiere que las personas aporten su conocimiento al trabajo que realizan, se impliquen y le sumen valor a la tarea, utilicen su creatividad e innovación para afrontar nuevos desafíos y se comprometan con los objetivos colectivos, esta manera de conducir solo puede generar el resultado inverso al esperado.

Empoderar implica transmitir a otro el poder para gestionar su propio trabajo. Cambiar el control externo por el autocontrol. Dar autonomía, pero reclamar responsabilidad por las propias acciones, por el logro de los objetivos y por el éxito del equipo. Cuando la gente considera que quien lidera confía en ellos, que los apoya y asesora, que no está todo el tiempo controlando sus acciones sino que cuenta con su capacidad y dedicación para el logro de los objetivos grupales, siente una gran responsabilidad por cumplir y dar lo mejor de sí misma.

El compromiso de quien lidera es facilitar el accionar conjunto, acompañar el desarrollo del equipo y permitir que la gente actúe según su propia autoridad interna en función de los propósitos y valores establecidos en la Visión Compartida. El líder-coach evalúa los resultados, el rendimiento individual y su aporte a la efectividad colectiva.

Phil Jackson[23], el legendario entrenador de básquet de los Chicago Bulls, reflexiona acerca de su propia experiencia: "Descubrí que cuanto más intentaba ejercer el poder directamente, menos poderoso era. Aprendí a suavizar mi ego y a distribuir el poder lo más extensamente que pude sin renunciar a mi autoridad en última instancia. Por paradójico que parezca, este enfoque fortaleció mi efectividad porque me liberó y me permitió centrarme en mi labor como cuidador de la Visión del equipo".

Cuando el equipo siente empoderamiento asume que tiene responsabilidad por los resultados obtenidos. Cada cual sabe dónde está parado y tiene el control sobre la forma en que se hacen las cosas. El aporte de cada uno es significativo, y todos puede participar en la toma de decisiones, en la cual las opiniones son escuchadas, tomadas en cuenta, y se reconocen las contribuciones realizadas. Reciben un auténtico y valorado apoyo por parte del líder-coach.

---

23 Jackson, Phil: *Once anillos*. Roca Editorial, Barcelona, 2014.

Los elementos a tener en cuenta para el empoderamiento de las personas y equipos de trabajo son:

- Asignar autoridad sobre sus actividades.
- Generar responsabilidad por los resultados.
- Brindar poder en la toma de decisiones
- Otorgar los recursos para el logro de los objetivos acordados.
- Definir estándares de excelencia.
- Proveer la información y el contexto necesario.
- Brindar feedback sobre el desempeño.
- Reconocer los logros alcanzados y los aportes realizados.
- Promover la iniciativa.
- Crear un entorno de aprendizaje.
- Generar confianza y pertenencia.

Los valores como guía para la acción

> *El trabajo les llenará una parte*
> *importante de sus vidas,*
> *y la única manera de sentirse*
> *realmente satisfechos es realizar lo que*
> *consideran un gran trabajo.*
> Steve Jobs

Es importante señalar que el empoderamiento solo es factible cuando hay un alineamiento con la Visión Compartida. La delegación de poder y el otorgamiento de autocontrol solo pueden realizarse sobre la base de una construcción previa de valores compartidos. La autonomía responsable es posible cuando se ha comunicado un sentido de orientación claro que identifica los comportamientos esperables en el marco de una cultura construida colectivamente.

Un sistema de valores consensuados genera la posibilidad de emprender la acción en forma autónoma. Permite actuar con libertad dentro de un marco establecido. Es por esto que alinear los valores individuales con los organizacionales constituye uno de los procesos esenciales en la tarea del liderazgo. Cuando esto se logra, la gente trabaja con pasión y entusiasmo y no hace falta que nadie "los motive", ya que la motivación surge como una potente fuerza interior al saberse partícipes de un proyecto del cual son protagonistas y miembros de una organización que los reconoce y valora.

El líder-coach da a la gente la libertad para innovar, experimentar y asumir riesgos calculados, y genera un marco de autonomía sobre la base de la Visión y el sistema de valores. Theodore Roosevelt decía: "El mejor ejecutivo es el que tiene la sabiduría para escoger buenos hombres para hacer el trabajo y la capacidad suficiente de abstenerse de intervenir cuando lo hacen".

*Todo el mundo tiene un propósito en la vida... un don
único o talento especial para ofrecer a los demás.
Y cuando combinamos ese talento único con el servicio
a los demás, experimentamos el éxtasis y el júbilo
de nuestro propio espíritu, que es la última meta de todas
las metas.*

Deepak Chopra

CAPÍTULO 5

Generar sinergia y trabajo en equipo

Liderazgo y trabajo en equipo

> *Un líder es mejor cuando la gente*
> *apenas sabe que existe. De un buen*
> *líder que habla poco, cuando su trabajo*
> *está hecho, su objetivo cumplido,*
> *la gente dirá: esto lo hicimos nosotros.*
> Lao Tsé

El concepto de liderazgo es inseparable del de trabajo en equipo. Cuando se conduce delegando tareas y controlando el desempeño en forma individual los grupos de trabajo no logran constituirse en equipos. Es responsabilidad del liderazgo desarrollar un espíritu de trabajo en equipo y un estilo de interrelación cooperativo que genere sentido de pertenencia y posibilite un accionar que se coordine y complemente en forma efectiva. Es por esto que podemos afirmar que *no hay liderazgo sin trabajo en equipo y tampoco hay trabajo en equipo sin liderazgo.*

Esta característica de los equipos de trabajo, en los cuales sus integrantes poseen un saber diferente, necesario y complementario para el desempeño colectivo, condiciona la forma en que estos grupos son liderados. En la conducción de equipos de trabajadores del conocimiento, en donde las tareas no están predeterminadas y se recrean en forma constante en función de la contingencia del trabajo y el logro de mejores estándares de calidad y productividad, se debe ejercer el liderazgo teniendo en cuenta que la toma de decisiones ya no puede ser centralizada y autoritaria, sino que debe ser consensuada y tener como prioridad el logro de los objetivos compartidos. Según afirma Peter Hawkins[24], "La humanidad ha creado un mundo de tal complejidad, interdependencia global, de cambios continuos y rápidos que el liderazgo está fuera del alcance de un individuo y exige un liderazgo colectivo más eficaz, al igual que equipos de alto rendimiento".

Cuando la competitividad organizacional implica la necesidad de gestionar el trabajo del conocimiento, coordinando y complementado la complejidad de los saberes de modo tal que cada persona aporte valor a la tarea realizada, no solo se requiere un accionar en simultaneidad y cooperación de todos los integrantes del equipo de trabajo, sino que las exigencias en cuanto a calidad, productividad e innovación demandan que se trabaje en red y que se perciba a la organización como un "equipo de equipos".

Distinción entre *grupo* y *equipo*

> *El talento individual gana partidos,*
> *pero el trabajo en equipo se lleva*
> *los campeonatos.*
> Michael Jordan

Las palabras "grupo" y "equipo" se utilizan con muy diferentes acepciones. En algunas disciplinas se usan en forma

---

24 Hawkins, Peter: *Coaching y liderazgo de equipos*. Ediciones Granica, Buenos Aires, 2012.

disímil y en otras como sinónimos. Nosotros haremos una clara distinción entre estos dos conceptos a los efectos de determinar diferentes tipos de comportamientos e interacciones que se producen en los sistemas humanos y que devienen de distintos tipos de conducción. En principio sostenemos que *todos los equipos son grupos, pero no todos los grupos son equipos.*

Llamaremos "grupo" a un conjunto de personas que, si bien interactúan entre sí y tienen algún propósito más o menos compartido, cada uno está enfocado en su tarea, trabajan en forma independiente y son evaluados de manera individual. La información está fragmentada y cada uno posee exclusivamente los datos necesarios para la realización de su trabajo. Los objetivos a lograr los conoce el jefe y en función de esto reparte y coordina las tareas y controla su cumplimiento. La comunicación es uno a uno y difícilmente se realicen reuniones grupales.

La conformación de un "equipo" implica compartir un propósito en común, tener un fuerte compromiso con una Visión Compartida y una responsabilidad colectiva respecto del logro de los objetivos establecidos. En función de esto, los integrantes del equipo coordinan sus conocimientos y habilidades y aúnan sus esfuerzos para alcanzar los resultados propuestos.

La diferencia central con un grupo es que un equipo siempre tiene un objetivo común por el cual es evaluado en forma colectiva. *La razón de ser de un equipo es el logro de los objetivos establecidos.* Esto conlleva un nivel de organización que posibilita coordinar las competencias y el esfuerzo de sus componentes obteniendo así el máximo rendimiento. Para esto se pautan responsabilidades de manera complementaria entre sus miembros y se acuerda un plan de trabajo donde el foco no está solo en la acción individual, sino, por sobre todo, en la interacción colectiva para el logro de los objetivos compartidos.

Los grupos que devienen equipos

*La cooperación es la convicción
plena de que nadie puede llegar
a la meta si no llegan todos.*
Virginia Burden

En función de estas definiciones de *grupo* y *equipo* podemos afirmar que hay grupos que nunca van a ser equipos, dado el objetivo por el cual fueron constituidos; pero la mayoría de los grupos de una organización pueden devenir equipos si se lidera su evolución en tal sentido.

Hay grupos que se constituyen con algún fin específico y esto determina que por mejor funcionamiento que tengan nunca van a llegar a ser equipo. Por ejemplo, un grupo de estudio, un grupo de viaje o un grupo de amigos. Sus integrantes se reúnen por el hecho de que su participación en el grupo les facilita el estudio o la diversión, pero cada cual tiene sus propios objetivos. Más allá de los aportes personales al grupo de estudio, al momento de presentarse a dar examen sus integrantes van a ser evaluados en forma individual y cada uno tendrá su propia calificación. En caso de que el grupo de estudio sea evaluado en forma conjunta y que obtenga una sola calificación para todos sus integrantes, podríamos estar hablando de la posible existencia de un equipo de estudio.

Esto se ve con claridad cuando se piensa en un equipo deportivo. Al finalizar el partido el equipo ganó, perdió o empató. Hay un solo resultado para el equipo, más allá de los desempeños individuales. No podemos decir que el delantero ganó porque hizo un gol, pero el arquero perdió porque le hicieron tres goles (y el partido terminó 3-1). En este caso el equipo perdió y ese es el único resultado que cuenta. Esta evaluación colectiva en función de los objetivos establecidos es lo que determina la existencia de un equipo.

Pero, así como hay grupos que por el tipo de objetivos

por los cuales se constituyen nunca van a devenir en equipo, hay grupos que pueden evolucionar para constituirse en equipos de trabajo. Es decir que, de acuerdo con esta definición, podemos establecer que un grupo de trabajo es un estadio de evolución previo al de un equipo y que es tarea del liderazgo conducir su desarrollo.

Liderar la construcción del equipo de trabajo

> *El liderazgo es un servicio. Un pastor*
> *se convierte en pastor gracias a las*
> *ovejas, pero las ovejas no se convierten*
> *en ovejas gracias al pastor.*
> Bert Hellinger

A partir de esta distinción entre grupo y equipo nos podríamos preguntar cuáles son las formas de accionar e interactuar que caracterizan a un equipo de trabajo y que debería desarrollar el líder-coach.

Una primera característica que distingue a un equipo es tener un propósito en común, compartir una Visión y comprometerse con el logro de los objetivos colectivos y no solo con el cumplimiento de las tareas individuales. Otra de las características está dada por la forma en que se generan ámbitos de trabajo donde se logran intercambiar y complementar los diversos saberes, se piensa y se actúa en forma coordinada y se organizan tareas y procesos en función del logro de los objetivos establecidos.

Un grupo deviene equipo cuando desarrolla un sentimiento de responsabilidad colectiva por los objetivos consensuados e interactúa a través de una emocionalidad de confianza mutua, la que a su vez se va construyendo a través del cumplimiento de los compromisos que asumen los integrantes entre ellos y con las tareas acordadas.

La forma de establecer tareas de acuerdo con el tipo de conducción que se ejerza condiciona la posibilidad de que el grupo evolucione hacia un equipo de trabajo. Cuando el jefe asigna y controla las tareas en forma individual a cada integrante del grupo, no hay ninguna posibilidad de que este funcione como equipo. Por el contrario, cuando quien conduce desde el liderazgo transmite los objetivos que debe alcanzar el equipo y genera compromiso con el logro de estos, se genera la posibilidad de coordinar las tareas en forma cooperativa y complementaria.

En los equipos es imprescindible que exista claridad en los objetivos establecidos, que la información sea conocida por todos, que estén implicados en los procesos de toma de decisiones y que exista un tipo interacción que posibilite trabajar coordinadamente. Esto genera integración, cohesión y sensación de pertenencia. En los equipos, la complementariedad y la cooperación en el trabajo surgen a partir del compromiso con el logro de los objetivos compartidos.

Todos estos aspectos se pueden ir desarrollando con mayor efectividad y en estos casos hablaremos de "equipos de alto desempeño". En función de esto podemos percibir las fases del desarrollo de un equipo de la siguiente manera:

Fase 1: conjunto de individuos
- Los reúne un propósito eventual.
- Vínculo superficial o nulo.
- No comparten responsabilidades.

Fase 2: grupo
- Reconoce un accionar común.
- Desarrolla una identidad grupal.
- Define roles.
- Establece normas para su labor conjunta.
- Mide su desempeño en forma individual.

Fase 3: equipo
- Comparte Visión y valores.

- Centra su energía en el logro de objetivos compartidos.
- Integra y potencia las competencias individuales.
- Logra sinergia.
- Es evaluado por sus resultados como equipo.
- Comparte responsabilidades y recompensas.
- Prioriza las actitudes de colaboración y compromiso.
- Desarrolla una emocionalidad de confianza mutua.

Fases de desarrollo del equipo

Generar alineamiento y producir sinergia

Dentro de un equipo que no funciona bien,
cada jugador parece peor de lo que es.
Sin embargo, cuando reinan valores como
el compromiso, el respeto, el afecto y la
solidaridad, todos terminan pareciendo un
poco mejor de lo que son.
Jorge Valdano

Cuando un equipo comparte una Visión y está profundamente comprometido con los objetivos acordados se produce un "alineamiento" de las voluntades individuales, lo cual posibilita que funcione como si fuese una totalidad. Cuando un equipo no logra alinear sus esfuerzos y energías, cada miembro desarrolla su trabajo de la manera que considera más conveniente, produciendo un consecuente desperdicio de la productividad grupal.

Según Peter Senge[25], "Cuando un equipo logra alineamiento surge una dirección común y las energías individuales se armonizan. Hay menos desperdicio de energía. Surge una resonancia o sinergia, como la luz 'coherente' de un láser en contraste con la luz incoherente y dispersa de una bombilla. Hay un propósito común, una Visión Compartida que permite complementar los esfuerzos. (…) El alineamiento es la condición necesaria para que la potencia del individuo le infunda potencia al equipo".

Este alineamiento, que integra y potencia los saberes y habilidades individuales y prioriza las actitudes de colaboración y cooperación, es el que posibilita generar otro de los aspectos característicos de los equipos de alto desempeño, como es la generación de "sinergia grupal". El concepto de sinergia supone que los resultados de un equipo son superiores a la suma de los desempeños individuales de cada uno de los miembros de ese equipo.

El mundo del deporte nos muestra frecuentemente equipos compuestos por muy buenos jugadores, pero con muy mal desempeño, donde la efectividad grupal es inferior a la suma de las capacidades individuales. Por lo tanto, podemos afirmar que la habilidad personal es condición necesaria pero no suficiente para un buen desempeño del equipo. Es menester la efectividad personal y grupal. Vince Lombardi, destacado entrenador de fútbol americano, plantea: "El desafío de todo equipo es construir un sentido de unidad, de dependencia de unos con otros, ya que la cuestión no es cuán bien se desempeña cada persona, sino cuán bien trabajan juntas"[26].

---

25 Senge, Peter: *La Quinta Disciplina*. Ediciones Granica, Buenos Aires, 1992.
26 Kerr, James: *Legado. 15 lecciones sobre liderazgo*. Club House, Buenos Aires, 2014.

Para lograr la sinergia grupal es necesaria la creación de un espíritu de cuerpo, una mística y un sentimiento de logro común de sus integrantes a los efectos de posibilitar una interacción efectiva que potencie los talentos y habilidades de cada uno y logre un resultado superior a la suma de las individualidades. Cada miembro actúa con autonomía e iniciativa, pero siendo consciente del conjunto y coordinando y complementando su actuación con el resto de los miembros del equipo.

Phil Jackson[27] hace especial énfasis al señalar "la fuerza o poder que un equipo alcanza cuando cada uno de sus integrantes renuncia al interés personal a cambio del bien colectivo", y sostiene que de esta manera cada jugador "activa un potencial superior para que el equipo trascienda sus limitaciones individuales y ayuda a sus compañeros a trascender las suyas. Si esto ocurre, el todo se convierte en algo más que en la suma de las partes".

Para que esto sea factible es fundamental que el líder-coach no solo tenga en cuenta lo individual, sino también lo interpersonal y las dinámicas relacionales que se dan dentro del equipo, a los efectos de generar la particular alquimia que cohesiona las voluntades a través de una intensa conexión emocional en función del logro común y la superación de cualquier tipo de desafío.

La sinergia requiere que desde el liderazgo se construya una cultura de participación, compromiso y mutua cooperación para el logro de los objetivos comunes, ampliando el concepto de la aptitud individual para incluir los valores de la colaboración con los demás, la complementación de las competencias individuales, la creación de vínculos de confianza y la apertura de una fluida comunicación que facilite la optimización de los procesos sinérgicos. Cuando esto se logra comienza a generarse una sensación y un sentido de

---

27 Jackson, Phil: *Once anillos.* Roca Editorial, Barcelona, 2014.

"liderazgo colectivo" que adquiere un poder y una trascendencia inimaginables.

Construir un pensamiento colectivo

> *El liderazgo es un viaje de constante*
> *evolución.*
> Deepak Chopra

Peter Senge nos plantea que el "diálogo" es el instrumento esencial que poseen los equipos de trabajo para alinear sus energías, potenciar sus conocimientos y construir un pensamiento colectivo que genere sinergia en la actividad grupal. Sostiene: "Colectivamente podemos ser más agudos e inteligentes de lo que somos en forma individual. El cociente intelectual del equipo es potencialmente superior al de los individuos".

El físico cuántico David Bohm[28], quien ha explorado exhaustivamente el concepto y la práctica del diálogo como una "disciplina de equipo", considera que el pensamiento colectivo no solo es posible, sino que es fundamental a los efectos de potenciar la inteligencia humana: "A través del diálogo las personas pueden ayudarse mutuamente a captar la incoherencia de los mutuos pensamientos y de esta manera el pensamiento colectivo cobra cada vez mayor coherencia".

El diálogo constructivo se puede dar en un equipo cuando se conversa sin el objetivo de ganar o tener razón, sino que los individuos interactúan para obtener el desarrollo de un significado común. Para esto se ponen en suspenso las propias creencias y supuestos previos, y se exploran grupalmente asuntos complejos a los efectos de trascender las perspectivas individuales.

---

28 Bohm, David: *Sobre el diálogo*. Kairós, Barcelona, 2001.

El diálogo constructivo solo puede acontecer cuando las personas involucradas se sienten y se perciben como colegas comprometidos en la búsqueda de un objetivo común que implica la cooperación y la colaboración de todos y cada uno de los participantes. Para que el diálogo sea posible es menester dejar momentáneamente de lado las jerarquías o las diferentes funciones de cada uno de los involucrados. De esta manera es factible conversar en un pie de igualdad, lo que posibilita la apertura a la escucha y la confianza para expresar y fundamentar el propio punto de vista. Esto se constituye en un camino ineludible en la búsqueda de consenso, como uno de los pilares fundamentales en el proceso de toma de decisiones en el trabajo en equipo.

La coordinación de acciones en los equipos de trabajo

La gestión no consiste en mover cosas y gente, sino en manejar redes de compromisos. Las organizaciones fracasan cuando no hacen esto de manera adecuada.
Fernando Flores

La sinergia y la efectividad grupal están determinadas por dos dimensiones de los comportamientos de las personas: la capacidad para realizar tareas específicas y las competencias para coordinar estas tareas en procesos y flujos de trabajo colectivo. Ambos aspectos inciden en la efectividad individual y colectiva. La productividad organizacional no solo depende de la tarea individual sino fundamentalmente de la manera en que estas tareas se coordinan en procesos de trabajo y en desempeños grupales.

Un aspecto central en la eficacia de los equipos de trabajo es la capacidad para manejarse en las redes de relaciones donde acontece su trabajo cotidiano. Esto a su vez está condicionado por la competencia de sus integrantes en la coordinación de acciones, en desarrollar vínculos sanos y efectivos, en establecer y cumplir compromisos y en generar la confianza necesaria para que sea posible el desarrollo de un accionar productivo.

Si analizamos las redes de relaciones podremos observar que por ellas circulan diversos tipos de conversaciones. Ahora bien, si reflexionamos acerca de qué acción conversacional se realiza para coordinar una actividad con otra persona, veremos que siempre que queremos que algo suceda, cuando el propósito de la conversación es concertar la realización de alguna acción en un tiempo futuro, lo que se hace es acordar un compromiso.

El compromiso es el "nudo conversacional" que se ata entre dos personas y en el que se establece qué va a realizar cada uno, de qué forma, en qué plazo y con qué características. Los compromisos son los actos lingüísticos que permiten coordinar acciones con otras personas y siempre suponen un acuerdo entre dos partes. La competencia para pactar y cumplir compromisos incide en la gestión de los equipos de trabajo y en la productividad organizacional.

Cada compromiso tiene un poder multiplicador, ya que generalmente desencadena un conjunto de acciones necesarias para cumplir el compromiso. Otro aspecto que revela la importancia de esta acción conversacional es que, debido a esta competencia para concertar compromisos en forma efectiva, podemos incrementar nuestra capacidad de acción y lograr cosas que no hubiesen sido posibles sin la habilidad de coordinar nuestro accionar con el de otros. Cuando alguien promete que va a realizar determinada acción en el futuro, la otra persona puede tomar compromisos y ejecutar acciones que antes no le resultaban posibles.

Estas redes de compromisos constituyen el *sistema nervioso central* de los equipos de trabajo y las organizaciones.

Las posibilidades que tienen los equipos de lograr los objetivos establecidos dependen del mutuo cumplimiento de los compromisos contraídos. Cuando estos compromisos no se cumplen en tiempo y forma, necesariamente tienen efectos sistémicos, ya que afectan a mucha más gente de las que específicamente estuvieron involucradas en el primer compromiso. No cumplir con ellos impacta no solo en la efectividad individual y colectiva, sino también en la calidad de los vínculos y en la confianza mutua.

El equipo como sistema

Mirar con ojos sistémicos
a tu organización puede aportar
inesperada y súbitamente un nuevo
punto de vista, una comprensión
y perspectiva distinta para actuar.
Jan Jacob Stam

Se debe pensar a los equipos como un sistema humano, ya que todos y cada uno de sus integrantes interactúan de manera interdependiente y cualquier acción o interacción afecta al conjunto. El equipo es un sistema donde se desarrolla una cultura con valores y reglas de funcionamiento explícitas e implícitas. La forma en que los miembros de los equipos se relacionan entre sí influye directamente en lo que se hace y en cómo se hace, con efectos directos en la calidad de los resultados obtenidos. La clave del desempeño de los equipos está en la dinámica relacional establecida entre sus miembros.

Las características de la red de relaciones, intereses y expectativas del equipo ejercen una importante influencia sobre las conductas de las personas que lo constituyen. Tanto las personas como el sistema sufren cambios congruentes en función de su dinámica relacional. Los cambios de uno afectan lo que pasa en el otro. Es por esto que desde el liderazgo se debe ampliar la mirada desde lo personal hacia lo interpersonal y sistémico. Esto es, observar a las personas no solo en sus características particulares, sino también en la manera en que despliegan estas características con relación a los diferentes vínculos en los que interactúan.

Los seres humanos, cuando actuamos en un sistema social (como un equipo o una organización), establecemos una continua dinámica relacional de interdependencia y mutua influencia. Desplegamos nuestra particular forma de ser y de hacer de una manera diferente de acuerdo con los sistemas en los que nos desempeñamos. Las características estructurales de los equipos condicionan la capacidad de acción de sus integrantes y, a su vez, el accionar de las personas tiene la posibilidad de incidir en el funcionamiento, la evolución y la posible transformación del equipo.

Todo sistema social posee jerarquías, niveles de pertenencia, leyes de equilibrio, compensaciones e implicaciones que regulan su existencia. Esta trama vincular, que adquiere particularidades muy diversas en cada equipo, no siempre se manifiesta de manera evidente y genera diferentes tipos de influencias en cada uno de sus integrantes. Entre ellos se crean vínculos y conexiones latentes no siempre perceptibles a simple vista, y en ocasiones dan lugar a tensiones o bloqueos en el equipo de trabajo. Prestar atención a estas dinámicas supone incorporar una mirada sistémica para el ejercicio del liderazgo.

La "mirada sistémica" implica desarrollar una manera de pensar en términos de conectividad, interacciones, procesos y contexto. Incluye el devenir del sistema, las influencias mutuas, la trama vincular y la dinámica relacional. Este marco conceptual nos permite observar el comportamiento de los equipos identificando sus propiedades y formas de evolución, de manera de percibir su funcionamiento más allá de los hechos puntuales y poder así comprender los patrones de interacción y la "estructura sistémica" subyacente que los produce.

*Cuentan que en una carpintería hubo una extraña
asamblea.*
*Fue una reunión de herramientas para arreglar
diferencias.*
*El martillo ejerció la presidencia, pero la asamblea
le notificó que tenía que renunciar. Se pasaba el tiempo
haciendo ruidos.*
*El martillo aceptó la culpa, pero pidió que fuera expulsado
el tornillo, argumentando que había que darle demasiadas
vueltas para que sirviera.*
*El tornillo aceptó el ataque, pero exigió la expulsión
de la lija. Señaló que era áspera en su trato y tenía
fricciones con los demás.*
*Y la lija estuvo de acuerdo, pero exigió que fuera
expulsado el metro, que siempre se la pasaba midiendo
a los demás como si fuera el único perfecto.*
*En eso entró el carpintero, se puso su delantal e inició la
tarea. Utilizó el martillo, la lija, el metro y el tornillo.*
*Finalmente, la tosca madera se convirtió en un hermoso
mueble.*
*Cuando la carpintería quedó nuevamente sola,
la asamblea reanudó la deliberación. Fue entonces
cuando el serrucho dijo:*
*Señores, ha quedado demostrado que tenemos defectos,
pero el carpintero trabaja con nuestras cualidades. Esto
nos hace valiosos. Así que no pensemos en nuestras fallas
y concentrémonos en la utilidad de nuestros méritos.*
*La asamblea pudo ver entonces que el martillo es fuerte,
el tornillo une, la lija pule asperezas, el metro es preciso.*
*Se vieron como un equipo capaz de producir muebles
de calidad.*
*Esta nueva mirada los hizo sentir orgullosos de sus
fortalezas y de trabajar juntos.*

Autor anónimo

CAPÍTULO 6

Facilitar el desarrollo de las potencialidades

El compromiso del líder-coach

*La función de un director de orquesta
es animar a los músicos, enseñarles,
llevarlos e inspirarlos para que ellos
puedan sacar lo mejor de sí mismos.*
Daniel Barenboim

El concepto de líder-coach presupone ejercer el liderazgo con el *compromiso de estar al servicio del desarrollo de las personas* con las que trabaja y convive. Desarrollo que comprende el incremento de sus competencias laborales y de sus cualidades humanas.

Toda persona que conduce un equipo o una organización es responsable del trabajo grupal y la efectividad colectiva. Desde su rol de administrador tiene como obligación fijar los objetivos a lograr en función de las necesidades organizacionales, y garantizar resultados acordes con las metas definidas. Pero estos resultados están condicionados por el aporte, el compromiso y el desempeño de sus colaboradores, por lo cual, desde su rol de liderazgo, debe hacerse cargo de su desarrollo.

La acción de desarrollar no presupone únicamente capacitar, instruir o enseñar algo, sino también servir de guía e inspiración para que los integrantes de su equipo desplieguen su potencial y den lo mejor de sí mismos. Esto implica apoyarlos para que asuman nuevos desafíos, acompañar su desarrollo personal, promover su carrera laboral y ayudarlos a superar sus niveles de desempeño. Este accionar adquiere un importante efecto y trascendencia en la evolución de los individuos y posee un significativo impacto en el quehacer organizacional.

Quienes entienden que conducir a otras personas conlleva la responsabilidad de involucrarse en el desarrollo de éstas y aportar a su superación personal y profesional, comprenden que *la esencia del liderazgo no está en la influencia sino en el servicio.* Que líder no es quien tiene más "seguidores", sino quien se compromete en desarrollar otros líderes. Este es uno de los aspectos centrales que define el concepto de líder-coach.

Este accionar implica acompañar y facilitar el desarrollo de nuevos líderes en la convicción de que no solo la función gerencial o de jefatura puede desarrollarse desde el rol del liderazgo, sino que todos podemos liderar en la medida en que desarrollemos el potencial que tenemos.

Esta concepción del liderazgo rompe definitivamente con la tradicional creencia de que "líder se nace" y que liderar es una tarea que depende de un conjunto de atributos o de determinados tipos de personalidades. Un líder se hace, se construye, se "inventa" a sí mismo y, por lo tanto, todos podemos ser líderes partiendo del autoliderazgo, de liderar nuestra propia vida. Se trata de comprender que *actuar desde el liderazgo es una forma de pararse en el mundo y encarar nuestra existencia,* más allá de las tareas y posiciones circunstanciales que a cada uno le toque asumir.

El liderazgo no es patrimonio de quien eventualmente desempeña una función de conducción, sino que todos los integrantes de la organización pueden desarrollar sus funciones desde el rol del liderazgo. En este sentido, Patricio

Villalonga[29] sostiene: "El liderazgo no es un fenómeno reservado para el jefe a cargo, sino una posibilidad inmensa para cualquier persona, no importa cuál sea su posición en la compañía. El liderazgo se despliega ya sea como estilo de conducción cuando se es jefe o como estilo de participación cuando se es colaborador. Una idea poderosa es lograr que todos los jefes en las empresas sean líderes. Pero una perspectiva mucho más potente es que todos sean líderes".

El aprendizaje como camino de desarrollo

El aprendizaje verdadero llega al corazón
de aquello que significa ser humano.
A través del aprendizaje nos re-creamos;
podemos hacer algo que nunca fuimos
capaces de hacer; re-percibimos el mundo
y nuestra relación con él; extendemos
nuestra capacidad de crear y somos parte
del proceso generativo de la vida.
Peter Senge

Una de las formas de aportar al desarrollo de la gente con la que se comparte las actividades es facilitar los procesos de aprendizaje y cambio. Todos nosotros, en nuestro desarrollo personal o en nuestra carrera laboral, nos vamos encontrando con innumerables desafíos. Problemas o situaciones conflictivas que tenemos que resolver y superar. Son estas situaciones las que nos van aportando experiencia, templando nuestro carácter, ayudando a que nos formemos como personas y sumemos nuevos conocimientos y aprendizajes.

---

29 Villalonga, Patricio: "Del liderazgo compartido a la efectividad colectiva", publicado en la revista *Vínculos* N° 19, de la Asociación de Recursos Humanos de la Argentina (ADRHA), 2001.

Pero también sucede con frecuencia que ante alguna de estas situaciones llegamos al lugar de nuestros propios límites y no logramos alcanzar los resultados requeridos. Las circunstancias pueden ser de las más diversas y generadas por eventos que podríamos calificar como negativos (despido laboral, conflictos con colegas, personal directivo hostil, baja productividad) o positivos (ascenso laboral, mayor número de personas a cargo, un nuevo emprendimiento). Lo que tienen en común estas situaciones es que nuestras conductas habituales, nuestros comportamientos conocidos nos resultan insuficientes y, si bien probamos e insistimos por distintas vías, los resultados obtenidos no nos posibilitan alcanzar nuestros objetivos.

Puede ser que el camino de superación de alguna de estas situaciones sea la adquisición de un nuevo conocimiento técnico o la capacitación en algún aspecto de nuestro quehacer profesional, pero generalmente estas circunstancias están vinculadas con áreas donde se relacionan y entrelazan nuestras capacidades laborales con nuestras características personales. Es en estos momentos cuando la transformación de nuestra conducta se vuelve mucho más compleja, ya que generalmente implica un cambio de perspectiva en la manera en que observamos la situación, supone revisar nuestra forma de pensar y razonar, o poner en cuestión nuestras creencias más arraigadas con la consecuente movilización emocional que esto trae aparejado.

Veamos un ejemplo. Liliana es una contadora que durante los primeros seis años de su desempeño en la empresa donde trabaja realizó tareas relacionadas con la tesorería y con la auditoría interna. Rápidamente se manifestó como una persona altamente eficaz en su tarea, en la que se destacó por su prolijidad, su minuciosidad y el estricto control de cada una de las operaciones que realizaba su equipo de trabajo. Por los logros alcanzados la empresa quiso recompensarla y la ascendieron a Gerente de Administración.

De su gerencia dependían varios jefes con sus respectivos equipos de trabajo.

Liliana, ante tal desafío, puso en práctica su principal competencia. Instaló un sistema de control de gestión y comenzó a supervisar en forma personal a cada uno de los jefes de su área. Pero, para sorpresa de Liliana, su principal cualidad se transformó en la causa de su inefectividad. Rápidamente los jefes manifestaron su descontento con su estilo de conducción y comenzaron a desconocer sus indicaciones, lo que generó un alto nivel de conflictividad en el sector. Ante este hecho y con intención de mejorar el desempeño del área, Liliana redobló su esfuerzo y aumentó los controles de las tareas que encomendaba. El resultado obtenido fue que creciera el conflicto y que los jefes llevaran su queja a un directivo de nivel jerárquico superior.

Cuando este directivo se reunió con Liliana para encontrar una vía de solución, su primer objetivo consistió en que ella fuera consciente del hecho de que el hábito que le había posibilitado realizar una carrera ascendente en la empresa, en esta nueva posición la estaba haciendo fracasar estrepitosamente. Para ella, controlar todas y cada una de las actividades realizadas por los jefes a su cargo constituía la mejor manera de realizar su trabajo. Consideraba que el conflicto radicaba en el hecho de que los jefes saboteaban su gestión. Solo cuando después de varias conversaciones con su líder-coach pudo observarse como parte del problema, logró asumir la responsabilidad que le correspondía y estuvo dispuesta a abrirse a un proceso de aprendizaje que le posibilitara modificar su estilo de conducción.

Una de las funciones que debe desarrollar quien conduce desde el liderazgo es acompañar y facilitar estos procesos de aprendizaje y cambio. Es a este aspecto de las actividades del liderazgo que nos referimos cuando sostenemos que *el líder debe desempeñar el rol de coach con su gente.* Esto implica estar al servicio del desarrollo de las personas con las que trabaja y adquirir las competencias que le posibiliten destrabar los aspectos que obstaculizan la capacidad de acción o dificultan el logro de los objetivos de su equipo de trabajo.

El líder-coach acompaña a los miembros de su equipo en su crecimiento personal y profesional. Los ayuda a identificar las brechas de efectividad en las tareas que realizan, a conectarse con sus potencialidades, a desarrollar al máximo sus capacidades y a superar los desafíos que van encontrando en su desempeño. Facilita el proceso de aprendizaje necesario para incrementar el rendimiento individual y colectivo.

Para toda organización es muy importante detectar y retener a los empleados de alto potencial, pero tal vez más relevante sea formar a quienes conducen para que estén capacitados en facilitar el desarrollo de las potencialidades de su gente.

Winston Churchill afirmaba que "Nos ganamos la vida por lo que conseguimos y perduramos por lo que damos". Parafraseando a Churchill podríamos decir que quien desempeña una función de conducción, en su rol de administrador es evaluado y ponderado por lo que consigue, y en su rol de liderazgo es reconocido y valorado por lo que brinda. Es desde esta perspectiva que *estar al servicio del desarrollo de las personas constituye uno de los valores fundamentales del liderazgo.*

Desplegar la potencialidad

> *Cualquier persona que sea capaz de sacar a la luz el potencial oculto que tienen los demás y que los inspire para realizar causas nobles, es un obrador de milagros de los nuevos tiempos.*
> Stephen Covey

Muchas veces las personas tenemos comportamientos fuertemente arraigados que, como nos han acompañado por muchos años de nuestra vida, ya los consideramos una parte constitutiva de nuestro ser, un aspecto de nuestra identidad. Entonces decimos que somos de determinada manera: callados, vergonzosos, agresivos, excéntricos, graciosos, etc. También cuando nos referimos a los demás, evaluamos sus comportamientos como si describiéramos un aspecto inamovible de su ser y sostenemos que "Juan es tímido", "Pedro es violento", "Laura es optimista" o "Estela es intolerante".

Es esta forma de observar nuestras conductas como componentes estables de nuestra identidad la que nos puede mantener estancados en una forma de ser. Cuando alguien declara "yo soy así", o "esta es una característica mía y no la puedo cambiar", está dando la espalda a su potencial de crecimiento y transformación, ya sea por miedo al cambio, por comodidad o simplemente por la creencia de que no se puede transformar una forma de ser. Si, por el contrario, pensamos que no es que seamos de una forma fija e inamovible, sino que "estamos siendo" de determinada manera y que en realidad somos mucho más de lo que en este momento estamos siendo, nos abrimos a la posibilidad del aprendizaje, el cambio y el crecimiento personal.

Muchas veces los test de personalidad que se toman en las empresas pueden causar el efecto distorsionador de dar a entender que se sabe "cómo son" las personas. Y esto es debido a la creencia de que los seres humanos somos de una manera determinada y difícilmente cambiemos. Sostenemos lo contrario. Si bien es cierto que todos tenemos una determinada manera de ser, que es resultado de nuestro devenir en la vida, y que esta forma de ser condiciona nuestro hacer, consideramos a las personas como seres en permanente e ininterrumpida construcción y, por lo tanto, entendemos que poseemos la posibilidad intrínseca de desarrollarnos, de expandir nuestro ser y nuestro hacer, de utilizar al máximo nuestros recursos internos y de proyectarnos hacia donde cada uno de nosotros desee.

Todo ser no es, sino que deviene en lo que es y, por lo tanto, siempre está dejando o llegando a ser en un continuo proceso de transformación, ya que *el cambio y la evolución son características inherentes al proceso vital*. El poder del concepto del "devenir" reside en que nos señala a nosotros mismos como los responsables de llegar a ser lo que queremos ser. Y cuando asumimos la responsabilidad por nuestra existencia, comenzamos a ser creadores de nuestro destino.

Desde nuestra perspectiva, el devenir está relacionado con la expansión de la propia potencialidad y con la profunda convicción de que vamos deviniendo en aquello que somos, aunque todavía no lo estemos siendo. En tal sentido, Anthony Robbins afirma que: "Hay una poderosa fuerza impulsora dentro de cada ser humano, que una vez desatada puede hacer realidad cualquier visión, sueño o deseo". Esta mirada sobre la evolución y el despliegue de la potencialidad del ser humano está fuertemente vinculada con nuestra concepción del liderazgo y con la responsabilidad que asume quien decide conducir desde esta concepción del líder-coach.

La idea de potencialidad refiere a "poder" o "potencia" en estado latente. Esta potencialidad que se alberga dentro de nosotros, se expresa como posibilidad y promesa, pero tiene vigencia y real existencia en el aquí y ahora. En tal sentido Abraham Maslow[30] sostiene: "Las potencialidades no solo 'serán' o podrían ser; también 'son'. El ser humano es simultáneamente aquello que es y lo que anhela ser".

Que nuestra potencialidad logre expresarse y manifestarse en el plano de lo concreto dependerá de la apertura y el compromiso con nuestros procesos de aprendizaje, de desarrollo y transformación. Desplegar nuestra potencialidad implica evolucionar y llegar a ser todo lo que podemos ser y que en esencia ya somos. Nadie deviene en

---

30 Maslow, Abraham: *El hombre autorrealizado*. Kairós, Barcelona, 2000.

lo que no es, pero nunca sabemos de antemano lo que podríamos ser. Este enfoque del líder-coach toma como propia aquella convocatoria de Nietzsche cuando plantea: "Sigue tu camino y deviene en quien tú eres". Desde esta perspectiva el filósofo alemán nos invita y nos desafía a que logremos transformar nuestra potencialidad en poder real y que de esta manera devengamos en quien auténticamente somos, sin por ello poder suponer de antemano quién podríamos ser, sino como una forma de concebir nuestra vida como un camino de construcción y creación de nuestro ser, como *un proceso evolutivo de ir siendo la mejor versión de uno mismo.*

Aprendizaje y capacidad de acción

> *El liderazgo consiste en liberar las posibilidades humanas. El líder provoca lo mejor en los demás permitiéndoles expresar lo que llevan en su interior.*
> Joseph Jaworski

Para establecer la diferencia entre adquirir un conocimiento y realizar un aprendizaje, debemos realizar una distinción acerca de los distintos saberes. El "saber" supone poseer un conocimiento o información sobre determinado tema; "saber hacer" implica tener la habilidad necesaria para poner un conocimiento en acción y "saber actuar" es realizar el saber hacer en un momento y ámbito determinado, interactuando en una red de vínculos de manera tal de realizar la acción en forma efectiva.

Proponemos redefinir el concepto de aprendizaje teniendo en cuenta estos diferentes niveles del saber y haciendo foco en su vínculo con la capacidad de acción de las personas. En función de esto definimos aprendizaje como *la expansión de la capacidad de acción efectiva, autónoma y recurrente.* Consideraramos que aprender es integrar un nuevo "saber actuar". Es decir que vamos a poder declarar que se produjo un aprendizaje cuando alguien esté en condiciones de llevar a cabo una acción y lograr un resultado que antes no conseguía.

```
APRENDIZAJE  ◄──►  ACCIÓN
```

Así como el aprendizaje del "saber" (incorporar un conocimiento) es un proceso cognitivo y demanda emplear el intelecto, la racionalidad, el pensamiento lógico y la memoria, el aprendizaje del "saber actuar" (desarrollar una conducta en forma efectiva) es un proceso vivencial que implica, además de todo aquello, poner en funcionamiento la predisposición emocional, la destreza corporal y la implicación personal. Es un proceso en el que todo nuestro ser está comprometido.

En un mundo en profunda mutación, tanto las personas como las organizaciones se ven situadas frente al desafío del cambio permanente. Los cambios del entorno presuponen una continua adaptación a los efectos de poder responder con efectividad a las nuevas problemáticas planteadas. Esta adaptación muchas veces demanda no solo una actualización de los conocimientos y capacidades laborales, sino que requiere un aprendizaje en niveles más sutiles y profundos de los individuos. El cambio organizacional y la transformación personal son dominios en profunda interdependencia y ambos requieren de la capacidad de aprendizaje como el instrumento idóneo para el éxito de dichos procesos.

Es de esta forma que cambio y aprendizaje emergen como dos caras de la misma moneda, ya que establecen una intensa relación de mutua influencia. Todo cambio supone un nuevo aprendizaje que nos posibilita ampliar, corregir o modificar nuestra capacidad de acción y, a su vez, muchos aprendizajes conllevan profundos procesos de cambio personal.

> **APRENDIZAJE ◀──▶ CAMBIO**

La capacidad de aprendizaje y cambio ("aprender a aprender") es la única vía posible para actuar en forma efectiva ante los nuevos desafíos. En numerosas ocasiones tomamos conciencia de que muchas de nuestras conductas habituales no nos sirven u obstaculizan nuestro accionar. Tanto es así que en ocasiones la mayor energía está puesta en "desaprender" muchas de las prácticas que nos fueron de suma utilidad, pero que hoy implican un impedimento para nuestro crecimiento personal o laboral.

El líder-coach como facilitador del aprendizaje

Enseñarás a volar, pero no volarán tu vuelo; enseñarás a soñar, pero no soñarán tu sueño; enseñarás a vivir, pero no vivirán tu vida. Sin embargo, en cada vuelo, en cada sueño y en cada vida quedará siempre la huella del camino enseñado.
Teresa de Calcuta

En nuestra vida personal o en nuestra actividad laboral muchas veces nos encontramos con obstáculos invisibles, impedimentos que nos imposibilitan avanzar, situaciones que se nos tornan conflictivas y no entendemos el porqué. Actividades que a otros les resultan relativamente sencillas se nos presentan como imposibles de realizar, acciones que no muestran mayor complejidad se transforman en inalcanzables. Es como si estuviéramos subiendo por una escalera y de pronto nos topáramos con algo que nos entorpece el ascenso. No logramos ver qué es, pero sabemos que nos obstruye el camino. Hacemos esfuerzos para evadirlo, pero todo es en vano. Queremos hacer algo diferente, pero no sabemos qué. Es como un "techo de cristal", algo que nos resulta imposible de ver, pero cada vez que queremos seguir avanzando chocamos nuestra cabeza contra ello.

Esto no es algo que eventualmente le acontezca a alguna persona, sino que nos sucede a todos y reiteradas veces a lo largo de nuestra vida. A este fenómeno que expresa los límites que tenemos los seres humanos en nuestra capacidad de acción y aprendizaje, Rafael Echeverría[31] lo denomina "el principio del carácter no lineal del comportamiento humano". Este autor sostiene que "los seres humanos no pueden incrementar lineal e indefinidamente su capacidad de acción. No pueden aprender linealmente cualquier cosa que se propongan. Tanto en su capacidad de acción como en su capacidad específica de aprendizaje encuentran límites, se enfrentan con obstáculos que les impide alcanzar determinados resultados. La capacidad de acción y de aprendizaje no es continua ni homogénea".

Vale aclarar que no nos estamos refiriendo a las circunstancias donde el límite de nuestra capacidad de acción o aprendizaje está determinado por características biológicas o cualidades innatas en las personas, nos referimos a acciones que están al alcance de nuestras posibilidades y que por distintos motivos no logramos realizar con efectividad. En esos momentos la alternativa para avanzar en nuestro camino de desarrollo puede implicar pedir ayuda. La figura del "coach" es la que emerge como la más idónea e indicada para asistir en estos procesos de aprendizaje y cambio.

La práctica del coaching implica detectar estas áreas de dificultad, estas "barreras invisibles" que traban el crecimiento y dificultan el desempeño. El coaching es un proceso conversacional que facilita el aprendizaje y promueve cambios cognitivos, emocionales y conductuales que expanden

---

31 Echeverría, Rafael: *Sobre el coaching ontológico.* Newfield Consulting, 2003.

la capacidad de acción en función del logro de los resultados que la persona está comprometida a lograr, pero no está pudiendo.

El coaching concibe el aprendizaje como un proceso que expande la capacidad de acción efectiva de las personas. Desde esta perspectiva, el rol del coach está focalizado en "ayudar a aprender", que es un proceso diferente que enseñar. El coach no es alguien que le diga al consultante qué es lo que tiene que hacer. Su tarea no es juzgar, ni dar consejos. El coach no indica soluciones, no señala el camino "correcto", ni impone su particular modo de pensar, sino que interviene para que el consultante encuentre nuevas vías de acción que le permitan encarar en forma efectiva la situación que declara como problemática.

El objetivo del coaching es facilitar el desarrollo de las potencialidades de las personas, ayudando a superar las trabas y resistencias que limitan su accionar a los efectos de alcanzar los objetivos propuestos. En tal sentido, entendemos que *quien conduce desde el liderazgo debe incorporar las competencias de un coach* para poder acompañar el desarrollo de la gente a su cargo. Cuando la complejidad de la situación supera la capacidad de quien conduce para facilitar estos procesos de aprendizaje, las organizaciones pueden apelar a la contratación de coaches profesionales.

Acerca del Coaching Ontológico

> *Cuando no somos capaces de cambiar una situación, nos enfrentamos al reto de cambiar nosotros mismos.*
> Viktor Frankl

El enfoque del Coaching Ontológico implica la apertura a la comprensión de que, al transformar nuestra forma de ser, accedemos a la posibilidad de expandir nuestra capacidad de hacer. Supone entender la relación que existe entre la particular forma en que cada individuo le asigna sentido a su acontecer en la vida y la capacidad de acción y transformación que de la misma deviene.

El enfoque ontológico parte de considerar que una de las características distintivas de los seres humanos es su necesidad y su capacidad de asignarle sentido a su propia existencia y a todo lo que acontece en el mundo que lo rodea. No hay nada que defina y condicione más el devenir de la existencia humana que la forma en que damos sentido a los sucesos y acontecimientos de nuestra vida. Es nuestra manera personal de interpretar los hechos la que genera nuestra emocionalidad, da dirección a nuestros comportamientos y condiciona nuestro horizonte de posibilidades.

El Coaching Ontológico comparte con otros abordajes del coaching el objetivo de ampliar la capacidad de acción y mejorar el desempeño de los individuos, pero considera que esto no se logra solo analizando distintos tipos de acciones dentro del mismo nivel de análisis y observación de la persona. Parte de la convicción de que al producir un "cambio de observador" y modificar la asignación de sentido, se abre la posibilidad de expandir el accionar de los seres humanos.

Desde la perspectiva del Coaching Ontológico no hay problemas a resolver "allí afuera", independientes de cómo pensamos y sentimos. *La forma en que vemos el problema es parte del problema.* Es por esto que la interpretación que sustentamos sobre una situación y la emocionalidad que esta nos genera son los aspectos centrales que debemos abordar para poder accionar con efectividad. Tan es así que hay circunstancias en las que no se trata de "resolver" el problema, sino de "disolverlo". Son los casos en los que al transformar nuestra perspectiva de observación, al modificar nuestra interpretación de los hechos, la situación ya no se nos presenta como problemática. Muchas veces este cambio nos permite "ver" posibilidades u oportunidades que hasta el momento nos resultaban inexistentes.

Las conversaciones de Coaching Ontológico están orientadas a lograr un desplazamiento en las observaciones y las explicaciones que poseemos sobre nosotros mismos y sobre los demás, sobre el entorno y las circunstancias, sobre lo que juzgamos como posible o imposible, sobre lo que valoramos como amenaza u oportunidad.

El coach conduce a que el consultante pueda separar el fenómeno de su interpretación, es decir, la experiencia de su explicación. Las experiencias remiten a los sucesos que nos acontecen en la vida y sobre ellos elaboramos interpretaciones y nos contamos historias. Estas narrativas otorgan sentido a lo que acontece y es este significado asignado el que nos abre o nos cierra posibilidades. El problema no es que las historias que nos contamos sean reales o fantasiosas; lo significativo es que la carga interpretativa que introducimos en ellas nos posibilita o nos restringe nuestro accionar.

El proceso del Coaching Ontológico procura que el consultante pueda discriminar entre los hechos comprobables y la opinión que tiene formada acerca de ellos. Que pueda revisar los fundamentos y la validez de los juicios elaborados y que reconozca cuáles son las creencias, los valores y los supuestos implícitos que dan origen a su estructura interpretativa. Acceder a una observación diferente o realizar un reencuadre de las propias interpretaciones posibilita analizar los acontecimientos desde otra perspectiva.

Esta apertura a nuevos horizontes de sentido es la que permite generar procesos de desarrollo y evolución personal, ampliar la capacidad de acción y alcanzar un cambio significativo en los resultados que estamos comprometidos a lograr. Según Marcel Proust, "El verdadero viaje de descubrimiento no consiste en buscar nuevos territorios, sino en tener nuevos ojos".

En el Coaching Ontológico también se trabaja con la emocionalidad como predisposición para la acción. El coach acompaña a transitar la tensión emocional, a superar la ansiedad e incertidumbre del cambio y a generar el estado anímico necesario para afrontar el nuevo desafío y realizar el proceso de aprendizaje. Apuntala la confianza de las personas en sus propias capacidades y reafirma el sentido de seguridad en sí mismas para realizar las acciones que conduzcan a los resultados requeridos.

El feedback como herramienta del liderazgo

Asiste a aquellos que ya no están
en donde estaban y aún no han
llegado hacia donde van.
Nor Hall

La acción de brindar feedback está relacionada con la responsabilidad del líder-coach de desarrollar a la gente con la que trabaja y facilitar los procesos de aprendizaje y cambio. Entendemos por feedback la retroalimentación que le brinda quien lidera a los miembros de su equipo acerca de su desempeño. Estas observaciones posibilitan tomar conciencia de alguna área de incompetencia o de mejora, abriendo de esta manera la posibilidad del aprendizaje y la optimización de las tareas realizadas en forma conjunta. La competencia de brindar feedback de manera efectiva es una de las herramientas esenciales para el desempeño del liderazgo.

Dar feedback a los efectos de mejorar determinadas conductas o para superar situaciones problemáticas es parte del rol de coach que debe realizar quien conduce desde el liderazgo. El feedback no implica un juicio sobre las características de la persona, sino que debe estar basado en los comportamientos observables y tener como objetivo aportar a su desarrollo, ampliar su capacidad de acción y mejorar su efectividad.

Esta retroalimentación para la acción que brinda el líder-coach no es algo que solo deba realizase una vez al año en la "evaluación de desempeño", sino que es una herramienta de uso cotidiano que sirve para optimizar la performance de los integrantes del equipo. Todo feedback tiene como finalidad *reforzar, mejorar* o *corregir* la forma de hacer las cosas o los comportamientos de las personas.

Reforzar. Muchas veces se supone que quien conduce solo tiene que dar feedback ante un problema o inconveniente, pero en realidad esta herramienta sirve también para reforzar conductas positivas, motivar a los colaboradores y generar un efecto imitación en los otros integrantes del equipo. Además, "dar reconocimiento" predispone emocionalmente a la persona para la oportunidad en que tenga que recibir un feedback destinado a modificar un comportamiento.

Mejorar o corregir. El feedback en esta circunstancia apunta a optimizar la efectividad de las personas en función de los parámetros y estándares establecidos y acordados por el equipo. Se constituye en un importante aporte que el líder-coach brinda a sus colaboradores, ya que genera la posibilidad de que el individuo visualice sus áreas de mejora, aprenda de su propia práctica, capitalice sus errores y mejore su capacidad de acción.

Consideramos que para que un feedback logre el resultado esperado debe cumplir un conjunto de requisitos que podríamos resumir en un "Decálogo del feedback efectivo":

1. El feedback debe tener como objetivo *reforzar, mejorar o corregir* algún comportamiento, pero nunca crear culpa en el destinatario. El feedback no es una crítica ni una reprimenda.

2. El feedback debe *generar una emocionalidad que sea funcional* para emprender acciones que optimicen el desempeño de la persona. En procura de este objetivo, quien brinda feedback debe elegir el momento oportuno y apropiado, y prepararse emocionalmente para tal evento. Debe encontrarse tranquilo y predispuesto a mantener la conversación y nunca utilizar esta circunstancia para agredir o realizar una descarga emocional.

3. El feedback debe estar *debidamente contextualizado* en el marco de las tareas compartidas y los objetivos consensuados. Se debe señalar el efecto y las consecuencias que produce el comportamiento que se pretende corregir o mejorar.

4. El feedback debe estar *correctamente fundamentado* (enfocado en un dominio específico, sustentado por hechos observables, con parámetros explícitos de medición y comparación). Se deben proveer ejemplos concretos de dos o tres situaciones específicas y evitar descalificaciones y todo tipo de generalización.

5. El feedback debe estar *enfocado en las conductas o comportamientos* y no en la identidad o a las características particulares de la persona.

6. El feedback debe *plantear un razonamiento abierto* que dé cuenta de por qué se arriba a esa evaluación, y debe brindar el espacio para el diálogo y el intercambio de opiniones.

7. El feedback debe incluir la indagación que posibilite *escuchar y entender el punto de vista del otro*. Debe comparar su interpretación de los hechos con la explicación que de ellos realiza la persona en cuestión, y estar dispuesto a rever o modificar su opinión.

8. El feedback debe tender a *fortalecer los vínculos* y aumentar la autoestima del otro y nunca a satisfacer el ego de quien lo realiza.

9. El feedback debe estar enfocado al futuro y no al pasado. Se deben explicitar cuáles son los resultados que se pretende alcanzar y cómo lograr esos objetivos va a beneficiar a la persona y a la organización. Debe plantearse el cambio de comportamientos a través del *pedido de conductas específicas.*

10. El feedback debe *finalizar con el compromiso* acerca de las acciones a emprender.

Acerca de las expectativas. El "Efecto Pigmalión"

> *Trata a un hombre tal y como es y seguirá siendo lo que es. Trata a un hombre como puede ser y lo convertirás en algo mejor de lo que es.*
>
> Goethe

En el proceso de acompañar, inspirar y facilitar el desarrollo de las personas, es importante que quien lidera tenga en cuenta que sus opiniones y expectativas impactan fuertemente sobre los integrantes de su equipo. A su vez, es significativo analizar cómo interactúan estas opiniones con los propios juicios y evaluaciones que tienen las personas acerca de sí mismas. Para analizar este aspecto llamaremos "imagen pública" al conjunto de características y atributos que se le adjudican a todo individuo, e "identidad privada" a los juicios que las personas poseen acerca de sus propios rasgos y capacidades con los que se identifican y se diferencian.

Este tipo de comparación surge con claridad cuando se implementa un proceso de *Feedback 360°.* Esta herramienta, que se utiliza en procesos de desarrollo, consiste en autoevaluarse en distintos aspectos del desempeño laboral (identidad privada) y luego comparar esta autoevaluación con la evaluación que en forma anónima y confidencial realizan los superiores, colegas y subordinados (imagen pública). De esta manera la persona puede visualizar y contrastar las coincidencias y diferencias que existen entre la apreciación que tiene de sí misma, con la que realizan las otras personas de su entorno laboral.

La situación ideal es cuando a un individuo la identidad privada le resulta satisfactoria y, a su vez, puede comprobar que es coincidente con la percepción que tienen las personas con las que comparte su actividad. Analicemos cuáles son las alternativas cuando la evaluación de quien lidera (imagen pública) no coincide con la autoevaluación que realizan los integrantes de su equipo (identidad privada).

Vínculos entre imagen pública e identidad privada

	IMAGEN PÚBLICA +	IMAGEN PRIVADA −
IDENTIDAD PRIVADA +	Efectividad y satisfacción personal	Posibilidad de acción y transformación
IDENTIDAD PRIVADA −	**Efecto Pigmalión**	Desarrollo personal para poder accionar y transformar

Una alternativa se produce cuando alguien tiene un elevado juicio acerca de su desempeño y, sin embargo, quien lidera opina que posee notables áreas de incompetencia. Es decir que, a partir del feedback que le entrega su líder-coach, toma conciencia de que su identidad privada está sobrevalorada con respecto a su imagen pública.

Es importante señalar que la imagen pública tiene un carácter dinámico y no permanece estática ni inmutable en el tiempo. Son nuestras acciones las que nos viabilizan cambiar y transformar los juicios sobre cualquier aspecto de nuestra imagen pública que consideremos disfuncional para nuestro desempeño. En estos casos, si la persona le otorga autoridad a la opinión de quien lidera, podrá realizar un proceso de aprendizaje y cambio que le posibilite mejorar las conductas que le fueron señaladas como inefectivas para la tarea específica o para su relación con el equipo.

Otra alternativa en este vínculo entre identidad privada e imagen pública es que haya coincidencia y que ambas den cuenta de una evaluación negativa. Imaginemos que alguien considera que posee una actitud de retraimiento y timidez que le dificulta establecer relaciones fluidas con la gente con la que interactúa y esto, a su vez, coincide con la opinión de quien lidera. En este caso, como en el anterior, es factible realizar un cambio personal que le posibilite efectuar las acciones que modifiquen su imagen pública.

La última variable puede producirse cuando la imagen pública es más favorable que la identidad privada. Es cuando el individuo tiene una baja autoestima o una pobre ponderación sobre sí mismo y, por lo tanto, infravalora sus recursos personales y percibe sus cualidades y competencias por debajo de lo que las considera su líder-coach. En estos casos quien lidera puede realizar un importante aporte al desarrollo de la persona en la medida en que le brinde un feedback positivo no solo acerca de su desempeño, sino también sobre sus capacidades y potencialidades de desarrollo y, en tal sentido, le plantee nuevos desafíos que lo motiven a superarse día a día.

El efecto que causa sobre las personas la expectativa positiva que tiene alguien a quien se le adjudica autoridad fue estudiado en un conocido experimento realizado por el psicólogo norteamericano Robert Rosenthal, donde quedó demostrado que la expectativa de los maestros respecto de un grupo de alumnos sobre los que se presumía que tenían un mayor nivel de coeficiente intelectual, generó una mejora en el rendimiento académico.

Este experimento, que se denominó "Efecto Pigmalión", le aporta una lección importante al liderazgo. Sugiere que la gente suele ajustar su rendimiento a lo que los demás esperan de ellos. Cuando los líderes aumentan sus expectativas respecto del desempeño de sus colaboradores y les manifiestan confianza en que podrán afrontar con éxito los desafíos propuestos, esto produce un incremento en sus resultados. Es decir, las personas responden al nivel de confianza que se les demuestra.

Liderar el aprendizaje organizacional

> *Las personas serán más creativas*
> *cuando se sientan motivadas*
> *por el interés, la satisfacción y el*
> *desafío del propio trabajo y no por las*
> *presiones externas.*
> Edward Deming

En un mundo interconectado e interdependiente y con mercados con creciente complejidad y dinamismo, el éxito de la empresa está vinculado en gran medida a su capacidad de adaptación y cambio y, por lo tanto, a sus procesos de aprendizaje. Pero las organizaciones no aprenden en abstracto, aprenden a través de las personas que las constituyen y de su competencia para integrar, gestionar y comunicar el conocimiento adquirido. En tal sentido, Donald A. Schön[32] propone el concepto de "reflexión en la acción" y plantea que todo profesional debe transformarse en un practicante reflexivo que sepa integrar acción y reflexión, y

---

32 Schön, Donald: *El profesional reflexivo. Cómo piensan los profesionales cuando actúan*. Paidós, Barcelona, 1983.

que conciba la transformación y el aprendizaje como disposiciones permanentes de manera de producir un continuo enriquecimiento en su hacer.

Pero si bien es cierto que la organización aprende a través de los individuos que la conforman, esta condición del aprendizaje individual es absolutamente necesaria pero también insuficiente. Para que el aprendizaje que realizan las personas pueda capitalizarse como aprendizaje organizacional, hace falta que se genere un entorno de aprendizaje, una cultura organizacional que posibilite y aliente la reflexión sobre la práctica cotidiana y que promueva la innovación y la tolerancia al error en la experimentación, en la búsqueda de caminos diferentes a los ya transitados.

El aprendizaje organizacional implica el desarrollo de una cultura que posibilite *convertir el saber individual en conocimiento colectivo*, con el fin de aumentar la productividad y efectividad del conjunto y así obtener los resultados propuestos. Los especialistas Nonaka y Takeuchi[33] plantean: "Para que el conocimiento individual se convierta en conocimiento organizacional, se requieren de ciertas acciones que eleven el nivel ontológico del conocimiento al pasar de los individuos a los grupos y de los grupos a las organizaciones".

Así como planteamos los desafíos y dificultades que muchas veces presentan los procesos de aprendizaje individual, lo mismo sucede a nivel organizacional. La cultura de una organización refleja la forma en que se realizan las tareas y se establecen las relaciones. Expresa valores, estilos y comportamientos de la gente que la compone. Generalmente tiene aspectos formalizados (reglas, procedimientos, procesos estandarizados, etc.) y otros implícitos pero conocidos y respetados por los miembros de la organización.

---

33 Nonaka, Ikujiro y Takeuchi, Hirotaka: *La organización creadora de conocimiento. Cómo las compañías japonesas crean la dinámica de la innovación.* Oxford University Press, México, 1999.

Uno de los desafíos con los que se enfrenta la implementación del aprendizaje organizacional es que propone cambios que contradicen el devenir de la cultura establecida. El aprendizaje se torna más complejo cuando trata de cambiar hábitos o conductas profundamente arraigadas. La cultura expresa los comportamientos organizacionales que le fueron funcionales en su desempeño y desarrollo, pero lo cierto es que las conductas que fueron exitosas en un momento dado no solo pueden no serlo en otro, sino que de persistir pueden incluso transformarse en la causa del fracaso. Es por esto que en los procesos de cambio muchas veces la mayor energía está puesta en "desaprender" muchas de las prácticas que otrora fueron de utilidad, pero que hoy implican un obstáculo en la efectividad organizacional.

Edgar Schein[34] plantea: "Los líderes tienen que empezar a pensar como artífices del cambio, porque el problema no consiste solamente en cómo adquirir nuevos conceptos y destrezas, sino también en cómo desaprender las cosas que ya no son útiles para la organización. Desaprender es un proceso totalmente distinto que implica ansiedad, actitudes defensivas y resistencia al cambio".

Generar una cultura de aprendizaje organizacional es una de las responsabilidades del liderazgo e implica construir ámbitos donde la gente aprende a aprender en conjunto y en forma continua, integrando sus diversos conocimientos y capacidades en una totalidad productiva. Según Peter Hawkins[35]: "La principal disciplina consiste en establecer un compromiso con el equipo, no solo en cuanto al aprendizaje en sí, sino a saber cómo aprender con mayor eficacia". Para que esto sea posible se requiere el involucramiento, el compromiso y la transformación de

---

34 Schein, Edgar: "El liderazgo y la cultura organizacional", artículo publicado en *El líder del futuro*. Fundación Peter Drucker, Deusto, 1996.

35 Hawkins, Peter: *Coaching y liderazgo de equipos. Op. cit.*

las personas, pero también un sistema que lo posibilite y lo aliente.

Generalmente los procesos de cambio ofrecen resistencia interna, y para que se efectúen y se mantengan en el tiempo deben ser *liderados*. Según Ernesto Gore[36]: "Una empresa sana debe ser capaz de aprender (que es relativamente fácil), de desaprender (que es difícil) y de aprender a aprender (que es decisivo)".

Liderar el cambio organizacional supone tener en cuenta el componente de la emocionalidad en el contexto de la problemática del aprendizaje. Tomar conciencia de que desaprender y cambiar conductas arraigadas y que durante mucho tiempo fueron exitosas, para incorporar nuevos comportamientos o acciones que aún no han demostrado su efectividad, implica enfrentarse a la incertidumbre y a la inseguridad frente a lo nuevo y desconocido. Solo el liderazgo que acompañe y facilite estos procesos de aprendizaje puede hacer factible la evolución que la organización requiere.

Nuestro miedo más profundo no es que seamos inadecuados. Nuestro miedo más profundo es que somos poderosos sin límite. Es nuestra luz, no nuestra oscuridad la que más nos asusta.
Nos preguntamos: ¿quién soy yo para ser brillante, genial, talentoso y fabuloso?
En realidad, ¿quién eres tú para no serlo?
Eres hijo del universo.
El hecho de hacerse pequeño no sirve al mundo.
No hay nada iluminador en encogerte para que otras personas cerca de ti no se sientan inseguras.

---

36 Gore, Ernesto: *La educación en la empresa*. Ediciones Granica, Buenos Aires, 1996.

*Nacemos para poner de manifiesto la gloria del universo
que está en nuestro interior.
No solamente en algunos de nosotros: está dentro de todos
y cada uno.
Y mientras dejamos brillar nuestra propia luz,
inconscientemente damos permiso a otras personas para
hacer lo mismo.
Y al liberarnos de nuestro miedo, nuestra presencia
automáticamente libera a los demás.*

Marianne Williamson

CAPÍTULO 7

Predisponer emocionalmente

Liderar la emocionalidad colectiva

> *Los líderes hacen surgir lo mejor de
> los demás, pero los visionarios exitosos
> van aún más lejos: crean vínculos
> emocionales duraderos. Son el tipo de
> líderes que llevamos en el corazón.*
> Deepak Chopra

En el modelo taylorista de la empresa tradicional la concepción era que se contrataba la "mano de obra", es decir, que a la gente se le pagaba por realizar una tarea y no interesaba lo que pensara y mucho menos lo que sintiera. La motivación, el compromiso y la implicación de las personas con las tareas que realizaban no era un tema a tener en cuenta. Aún hoy se escuchan frases como: "los empleados tienen que dejar sus emociones en la puerta de entrada de la empresa".

En las empresas modernas, donde gran parte de su competitividad depende de la movilización del conocimiento y la energía del conjunto de los integrantes de la organización, la emocionalidad colectiva se convierte en un tema central de la gestión empresaria. En este sentido sustentamos que es responsabilidad del líder-coach "predisponer emocionalmente", es decir, crear las condiciones laborales y de vinculación entre los individuos de manera tal que se genere un clima emocional de confianza y entusiasmo que posibilite que las personas puedan desplegar su capacidad de acción y se optimice así la productividad y la efectividad organizacional.

Todas las personas necesitan sentirse apoyadas en la expresión de su individualidad, en la confianza de sus capacidades y en la aceptación del lado emocional de su existencia. Es responsabilidad del liderazgo generar un clima de convivencia en el que estos elementos sean tenidos en cuenta, donde se escuche lo que la gente piensa y siente sobre lo que está haciendo y en el que se genere un estado anímico que posibilite que puedan interactuar en forma positiva y accionar con energía, motivación y con el interés de la organización en su corazón.

La emoción como disposición para la acción

La razón puede advertirnos sobre lo que conviene evitar; solo el corazón nos dice lo que es preciso hacer.
Joseph Joubert

El fenómeno de la emocionalidad humana ha sido analizado con diversos enfoques y desde distintas disciplinas, y cada una ha realizado sus desarrollos conceptuales dando cuenta de la vastedad y complejidad del tema en cuestión. Nos parece oportuno enfocar nuestro análisis en la relación que existe entre la emocionalidad y la capacidad de acción de las personas.

Si partimos de la etimología de la palabra *emoción*, que tiene su origen en el verbo latino *movere*, que significa mover, se podría definir como "mover hacia afuera". Es la emoción, que se dispara en forma automática frente a la percepción de un estímulo desencadenante, la que produce la movilización general del organismo para actuar en forma adecuada frente a cualquier tipo de situación, sea esta placentera, desafiante o amenazante.

Las emociones se expresan y manifiestan como disposiciones corporales para la acción. Los seres humanos poseemos un nutrido, extenso y complejo menú de emociones y cada una de ellas presupone una disposición corporal que posibilita expresarla de manera adecuada y actuar en forma consistente. *Cada emoción nos predispone para un tipo de acción diferente.*

Pensemos, por ejemplo, en cuando estamos sumidos en la emocionalidad de la tristeza, el enojo, la alegría o el miedo. Cada una de estas emociones nos determina qué cosas podemos hacer en ese estado emocional y cuáles no podemos realizar. El miedo, que es una de las emociones primarias, nos predispone a huir, a atacar, o también nos puede paralizar, pero hace que nos resulte imposible razonar claramente, hacer proyectos o disfrutar del momento.

Las emociones actúan como el nexo entre la interpretación que le asignamos a los estímulos recibidos (percepción) y las reacciones vitales del organismo. Son las respuestas que se generan a nivel fisiológico las que determinan la corporalidad, generan la energía para desempeñar nuestros comportamientos y nos impulsan hacia determinado tipo de acciones.

El liderazgo emocional

> *El corazón humano es un instrumento*
> *de muchas cuerdas; el perfecto*
> *conocedor de los hombres las sabe hacer*
> *vibrar todas, como un buen músico.*
> Charles Dickens

Este vínculo entre emoción y capacidad de acción se da tanto en individuos como en equipos. Pensemos en un equipo de deporte que está desmotivado, que tiene una emocionalidad de miedo hacia el adversario o de insatisfacción con el entrenador y la dirigencia del club. Seguramente no va a lograr el mismo desempeño y, por lo tanto, no va a conseguir los mismos resultados que si tuviese un estado de ánimo de alegría, entusiasmo, compañerismo y seguridad en el triunfo.

Igual sucede en cualquier tipo de organización. La emocionalidad colectiva es uno de los factores que inciden fuertemente en la productividad y efectividad organizacional. Este es el fundamento por el cual planteamos que una de las responsabilidades del liderazgo es generar la predisposición emocional que sea funcional con las acciones a realizar según los objetivos a lograr.

Para abordar este tema empecemos por analizar el fenómeno del "contagio emocional". Cuando hablamos de contagio damos cuenta de un hecho que cotidianamente podemos experimentar en cualquier interacción social, como es la mutua influencia emocional que se establece en todo vínculo. En el intercambio emocional que se produce en cualquier conversación, influimos y somos influenciados por nuestros interlocutores. Nadie es inmune al mutuo contagio emocional. La transmisión de nuestros estados anímicos es un *virus* contra el cual no se ha inventado (ni se inventará) ningún tipo de vacuna. Todos estamos expuestos a la emocionalidad de las personas con las que interactuamos. El contagio emocional es una "peste" inevitable.

Ahora bien, puede ser una peste positiva que nos llene de potencia y aliente nuestra capacidad de acción, o puede ser una peste negativa, tóxica, que vampirice nuestra energía. Podemos transmitir o ser inoculados por "virus anímicos" de alegría, optimismo, entusiasmo, motivación, compromiso; como también estamos expuestos y muchas veces somos transmisores de desaliento, miedo, desmotivación, preocupación, desconfianza y otras cuantas emocionalidades altamente nocivas.

Contagiamos nuestros estados anímicos y somos contagiados por los de los demás. Este es un fenómeno del que no podemos autoexcluirnos, ya que constituye una condición básica de la relación entre las personas. Seguramente habrá quienes son más propensos a ser influenciados que otros, como habrá quienes tengan una natural capacidad para influir emocionalmente. También habrá momentos y circunstancias en los que podremos ser más influenciables. Lo cierto es que este intercambio emocional es algo que en mayor o menor medida sucede en forma constante.

Si retomamos la idea de que la emocionalidad constituye una predisposición para la acción y que dependiendo del estado de ánimo en que nos encontremos nos resultará posible realizar ciertas acciones y otras no, podremos tomar conciencia del impacto que puede tener el contagio emocional en ámbitos organizacionales y el costo en efectividad y productividad que tienen los estados anímicos negativos en los equipos de trabajo.

Cualquiera de los integrantes de un equipo influye e incide en la emocionalidad grupal, y a su vez es afectado por esta; pero es quien lidera el que debe asumir la responsabilidad por estos procesos de intercambio y mutua influencia emocional. Daniel Goleman[37] sostiene: "Cada uno es parte del equipo emocional de los otros, para bien o para mal; estamos siempre activándonos mutuamente distintos estados emocionales (…) Pero en los líderes se amplifica esta facultad de transmitir emociones, puesto que es a quienes más miran los otros. Esta atención aumenta el impacto de su estado anímico en el grupo".

Es por esto que quienes ejercen el rol de liderazgo deben asumir un nivel de responsabilidad por los estados emocionales de sus ámbitos de trabajo. Una de las acciones

---

37 Goleman, Daniel: *La inteligencia emocional en la empresa*. Vergara, Buenos Aires, 1998.

fundamentales e indelegables que debe desempeñar quien ejerce la conducción desde el liderazgo es predisponer emocionalmente a su equipo de trabajo. Esto implica crear condiciones anímicas y de vinculación entre las personas para que se genere un clima emocional que posibilite que todos puedan desplegar su potencialidad y su mejor capacidad de acción.

Liderar las emociones supone que el líder-coach desarrolle la capacidad para generar los estados emocionales que sean funcionales a las acciones que deben realizar y a los resultados que desean lograr desde su equipo. Por ejemplo, debe tener la habilidad de crear un clima de serenidad y reflexión si tienen que tomar una decisión consensuada, de tranquilidad y apertura si están en un proceso de negociación, de compromiso y motivación frente a un nuevo desafío, y de mutua confianza en la interacción cotidiana.

Todos los comportamientos del liderazgo que analizamos en los capítulos anteriores están vinculados a algún tipo de emocionalidad. La construcción de una Visión Compartida está relacionada con la emoción del entusiasmo para aceptar nuevos desafíos y con la autoconfianza en que se podrán superar los obstáculos del camino. La construcción de fuertes lazos emocionales basados en la confianza mutua, el sentido de pertenencia, el compromiso con la tarea y los valores compartidos constituyen los elementos indispensables para asumir responsabilidad por el propio desempeño, para generar la sinergia grupal y para que los integrantes de un equipo o una organización puedan sentir seguridad y motivación para accionar con energía frente a cualquier contingencia. La emocionalidad relacionada con la apertura y la humildad es esencial para emprender un proceso de aprendizaje y tomar riesgos en el camino de alcanzar nuevos estándares de desempeño.

La emocionalidad frente a los objetivos

*Nunca una cosa grande se consiguió
sin entusiasmo.*
Ralph Waldo Emerson

Siempre que afrontamos una situación en la que existe algo que pretendemos cambiar, o cuando nos planteamos un objetivo que queremos conseguir, o cuando decidimos que hay algún aspecto nuestro que deseamos transformar o mejorar, ineludiblemente nos enfrentamos a una tensión entre lo que es y lo que ambicionamos que sea. Necesariamente, entre la "situación actual" del aquí y ahora y el "objetivo deseado" que pretendemos lograr en un tiempo futuro (sea inmediato o a largo plazo) existe una brecha que deberemos transitar y acortar sobre la base de nuestras acciones y conductas.

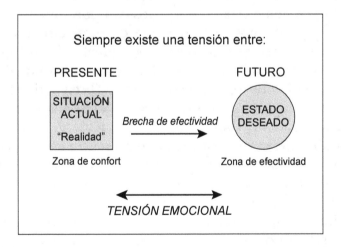

Esta brecha entre nuestros objetivos y nuestros actuales resultados generalmente produce una "tensión emocional" entre dos tipos de emocionalidades: el entusiasmo y el temor. Por un lado están nuestras ganas de lograr los resultados que queremos y necesitamos. Esta aspiración a obtener nuestros objetivos y conseguir lo que nos proponemos y deseamos es la que nos impulsa a avanzar y nos proporciona el estado de ánimo de entusiasmo y autoconfianza.

Pero también, emprender el camino hacia el logro de un nuevo objetivo muchas veces nos puede generar temor. Esto puede ser por el desafío que implica enfrentarnos a lo desconocido y a la incertidumbre del resultado que podamos obtener. También cuando tomamos conciencia de que para el logro de ese objetivo tenemos que realizar un proceso de cambio en nosotros mismos. Por lo tanto, esta "tensión emocional" se produce entre la atracción y la energía que produce el objetivo deseado, y la ansiedad e incomodidad de abandonar lo conocido y familiar, de salir de nuestra "zona de confort", de la comodidad que representan los hábitos, las costumbres y las acciones que tenemos aprendidas y realizamos en forma automática.

El problema está en que estos comportamientos habituales que sabemos realizar y que en otras circunstancias nos dieron buen resultado y fueron funcionales para el logro de nuestros objetivos, muchas veces ya no nos sirven. Es ahí donde nos topamos con nuestra "brecha de efectividad". Nos encontramos ante la necesidad de abandonar viejas prácticas e incorporar nuevas conductas. Pero producir el cambio necesario para expandir nuestra capacidad de acción y recuperar nuestra efectividad en el logro de nuestros objetivos supone enfrentarnos a la incertidumbre de transitar un proceso de aprendizaje.

En ese momento, antes de decidir si vamos a emprender ese camino, es cuando realizamos los juicios de posibilidad o imposibilidad. Es cuando evaluamos y ponderamos la factibilidad de realizar las acciones y de conseguir los objetivos que nos proponemos. Es allí donde entra a jugar el factor emocional que tendrá un fuerte impacto en nuestra capacidad de acción.

Cuando valoramos que el cambio que deseamos realizar o el objetivo que nos planteamos conseguir está dentro de la órbita de nuestras posibilidades, se encuentra en el ámbito de nuestro poder y depende de nuestro esfuerzo y constancia de trabajo alcanzarlo, en estos casos juzgamos que el objetivo es posible y decidimos accionar en consecuencia En dichos casos decimos que estamos con la "emocionalidad del emprendedor".

Este estado de ánimo se caracteriza por el entusiasmo para aceptar nuevos desafíos, por la templanza para afrontar los posibles contratiempos y por la autoestima que nos procura la confianza en que podremos superar los obstáculos del camino y que en ese transitar iremos realizando los aprendizajes necesarios para llegar a la meta propuesta. Este estado anímico es característico de las personas que asumen roles de liderazgo o conducen procesos de cambio y construcción de nuevas realidades.

De la gestión por el miedo, al liderazgo en la confianza

> *Ninguna emoción elimina tan*
> *eficazmente la capacidad de actuar y*
> *de razonar como lo hace el miedo.*
> Edmund Burke

Cuando se gestiona el trabajo y se conduce a las personas bajo el paradigma del "mando-control", lo que se valora es la disciplina, la actitud de obediencia y la conducta de acatamiento. Este tipo de vínculos laborales generalmente se sustentan en un estado anímico colectivo de temor y de desconfianza mutua. Por el contrario, para lograr movilizar el conocimiento y la iniciativa colectiva, para aprovechar el talento, la creatividad y la capacidad de innovación que pueda aportar cada individuo, se requiere que las personas estén imbuidas y comprometidas con la Visión y los objetivos de la empresa, motivadas por las tareas a realizar, y que asuman una conducta de responsabilidad por los resultados. Todo esto solo es posible en *una cultura organizacional basada en la emocionalidad de la confianza.*

Desarrollaremos algunos de los aspectos más relevantes de estos estados de ánimo (el miedo y la confianza) centrando el análisis en las formas en que se manifiestan en ámbitos organizacionales y en cómo impactan en los comportamientos de sus integrantes.

El miedo

Pilar Jericó[38], una especialista que se ha dedicado a estudiar la emocionalidad del miedo en el ámbito empresario, sostiene: "Nadie lo reconocerá abiertamente, pero el miedo ha sido empleado como método de gestión en las empresas durante siglos (y se continúa empleando)".

Generalmente relacionamos el concepto de miedo con la reacción emocional ante una situación de peligro. Sin embargo, cuando lo analizamos como emocionalidad organizacional nos referimos al miedo como un estado de ánimo que perdura en el tiempo. Actúa como trasfondo en los comportamientos de las personas, tiñe las relaciones y persiste como un componente distintivo de la cultura organizacional. El miedo puede manifestarse de diversas formas y en distintos niveles de intensidad. Puede ir desde el malestar temeroso hasta el pánico. Cuando hablamos de la "gestión por el miedo", nos referimos al temor de baja intensidad, pero de larga duración.

Es muy diferente si se trata de una emoción de miedo que surge como reacción a un hecho puntual en una circunstancia específica, que cuando se instala un estado

---

38 Jericó, Pilar: *NoMiedo.* Alienta, Barcelona, 2006.

anímico de temor como forma de interacción y convivencia organizacional. Ambas emocionalidades difieren en las formas en que se expresan, en las consecuencias que generan en el comportamiento y en el impacto que pueden tener en la salud y en la calidad de vida de las personas. El estado de ánimo de temor en el ámbito laboral es uno de los más frecuentes factores desencadenantes del estrés.

Este estado de ánimo de temor y de estrés continuo destruye la motivación, va minando la capacidad de acción, consume energías e imposibilita desplegar el potencial. Esto no solo tiene consecuencias a nivel de la baja del desempeño y la efectividad individual, sino que impacta en la productividad organizacional y en la competitividad empresaria. De personas que trabajan en un estado anímico de temor y desconfianza se puede esperar obediencia, sumisión y docilidad, pero nunca se puede pretender iniciativa, creatividad, implicación con la tarea ni compromiso con la organización.

La gestión por el miedo es uno de los factores que frenan el desarrollo del talento y el aprovechamiento del conocimiento colectivo. Muchas veces las empresas confunden acatamiento con lealtad y no toman conciencia de los costos que tienen los estilos autoritarios de conducción. Pfeffer y Sutton[39] afirman: "En todas y cada una de las organizaciones que no lograron traducir el conocimiento en acción, observamos que predominaba una atmósfera de temor y desconfianza".

Una de las características centrales del estado de ánimo del temor es que está relacionado con nuestras expectativas sobre los acontecimientos futuros. Es una emocionalidad que emerge cuando pensamos que algún hecho o circunstancia (real o imaginaria) puede causarnos un daño o llegar a perturbar nuestra calidad de vida.

---

39 Pfeffer, Jeffrey y Sutton, Robert: *La brecha entre el saber y el hacer*. Ediciones Granica, Buenos Aires, 2005.

Cuando se nos instala una sensación de temor entramos en un estado de alerta continuo frente al supuesto "peligro". Este peligro puede estar constituido por la posibilidad de perder el empleo, el maltrato del jefe, no lograr un ascenso, ser trasladado de área o situaciones mucho más sutiles. Los jefes que generan esta emocionalidad organizacional como estilo de gestión, despliegan un conjunto de mecanismos basados en el conocido paradigma de "el palo y la zanahoria".

Más allá de cuán real o ficticio pueda llegar a ser el "peligro" percibido, lo relevante es que una vez que se emplaza el temor como ánimo permanente, condiciona las expectativas sobre el futuro y la capacidad de acción en el presente. Pfeffer y Sutton sostienen a modo de conclusión de su investigación que "Las pruebas disponibles son bastante convincentes: conducir una empresa basándose en el temor y la desconfianza no solo es inhumano, también es un mal negocio".

La confianza

Esta misma cualidad de vincular el presente con el futuro la posee la emocionalidad de la confianza. Cuando estamos en un estado de ánimo de confianza sentimos que no hay nada de qué preocuparnos. Actuamos desde una sensación de seguridad y poseemos una expectativa positiva del futuro. El estado de ánimo de la confianza surge ante una interpretación de un futuro que nos parece previsible y tranquilizador.

Cuando decimos que tenemos confianza en una persona, lo que estamos expresando es que poseemos un alto nivel de seguridad con respecto a su conducta futura. Confiamos en que es muy probable que haga determinadas cosas y que no haga otras. La confianza siempre supone un juicio sobre el futuro, y es por esto que condiciona tan fuertemente nuestros comportamientos.

Podemos imaginar cualquier situación, ya sea a nivel personal o laboral, y podremos corroborar los distintos comportamientos que adoptamos en una emocionalidad de confianza o de desconfianza. Si tenemos confianza en un compañero de trabajo, en nuestro jefe, en un proveedor o en un cliente, vamos a suponer que va a actuar dentro de lo acordado, que va a mantener su palabra y que va a honrar sus compromisos, y esto nos da seguridad y tranquilidad.

Por el contrario, si en cualquiera de estos casos sintiéramos desconfianza, si tuviésemos el temor de que no actúen de acuerdo con lo preestablecido, si pensáramos que existe la posibilidad de que no sean sinceros en lo que nos dicen o que no tengan la intención o la capacidad para cumplir con los acuerdos establecidos, nuestro comportamiento sería notablemente diferente. Tomaríamos recaudos, no estableceríamos el compromiso, nos alejaríamos de nuestro compañero o cambiaríamos de proveedor.

La emocionalidad de la confianza está sustentada en tres pilares, que se construyen sobre la base de los juicios que realizamos sobre la credibilidad, la previsibilidad y la responsabilidad de las personas.

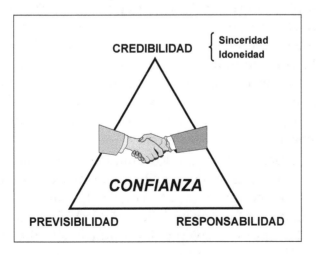

El juicio de la credibilidad está basado, a su vez, en dos comportamientos que desarrollan los individuos que consideramos creíbles: la sinceridad y la idoneidad.

- La sinceridad: consideramos a alguien sincero cuando suponemos que existe una correlación entre lo que piensa y lo que dice. Cuando percibimos una congruencia entre su mundo interno y externo. Cuando podemos constatar que sus conversaciones reflejan sus pensamientos y convicciones y que, por lo tanto, es alguien que no miente, no oculta información, ni evade decir lo que piensa.
- La idoneidad: esta característica se la atribuimos a quienes consideramos que poseen las competencias necesarias para realizar en forma efectiva la función que desempeñan. Pensemos qué confianza le podemos tener a alguien a quien no consideramos idóneo para efectuar las acciones a las que se compromete.

La previsibilidad es la característica que surge cuando alguien a lo largo del tiempo demuestra un comportamiento que coincide inexorablemente con las pautas establecidas, con los valores declarados y con los compromisos contraídos. Decimos que una persona es coherente y previsible cuando existe un correlato entre lo que dice y lo que hace, cuando consideramos que sus acciones están en sintonía con lo que proclama desde la palabra y evaluamos que no nos sorprenderá con algún tipo de comportamiento imprevisto. Las personas predecibles nos dan seguridad y le quitan incertidumbre al futuro.

En muchas empresas los empleados manifiestan una gran desconfianza ya que perciben que las acciones que realizan quienes conducen no son coherentes con los supuestos que pregonan. Que por un lado están la Visión y los valores declarados y por el otro están las conductas cotidianas hacia los empleados y los clientes. Nathaniel Branden[40] sostiene: "La coherencia y la previsibilidad inspiran confianza. Si sentimos que no sabemos cómo puede actuar un líder ante alguna situación particular, no podemos sentir confianza… y cuando no confiamos, raramente damos lo mejor de nosotros mismos".

La responsabilidad es el atributo que les conferimos a las personas que asumen sus compromisos y cumplen sus promesas. La efectividad y productividad de cualquier equipo u organización está determinada por su competencia para establecer compromisos y coordinar acciones. Cuando presuponemos que con quien establecemos un compromiso es una persona que actúa con responsabilidad, inferimos que realizará en tiempo y forma aquello a lo que se ha comprometido y que se hará cargo de cualquier eventualidad y contingencia que pudiera acontecer. Evidentemente, este comportamiento genera confianza.

Liderar una emocionalidad colectiva de confianza y entusiasmo es una de las responsabilidades centrales del líder-coach, ya que solo así podrá lograr el compromiso y la motivación de sus colaboradores. El liderazgo solo puede ser viable en el marco de una emocionalidad de mutua confianza que lo sustente.

Las tres cuartas partes de las miserias y malentendidos
en el mundo terminarían si las personas
se pusieran en los zapatos de sus adversarios
y entendieran su punto de vista.

Mahatma Gandhi

---

40 Branden, Nathaniel: *La autoestima en el trabajo*. Paidós, Buenos Aires, 1998.

Tercera parte

EL AUTOLIDERAZGO

CAPÍTULO 8

El camino "interior" del liderazgo

El proceso de desarrollo del líder-coach

> *La responsabilidad más importante de cualquiera que intente dirigir lo que sea, es gestionarse a sí mismo como persona.*
> Dee Hook

Después de haber descripto las responsabilidades centrales que caracterizan el ejercicio del liderazgo desde el paradigma de desarrollo personal y organizacional, consideramos relevante plantear nuestro convencimiento con relación a que *solo se podrá ejercer esta perspectiva del liderazgo partiendo del autoliderazgo,* lo que implica un profundo compromiso con el propio proceso de autoconocimiento y evolución personal, con la adquisición de las competencias profesionales que posibiliten llevar a cabo dichas responsabilidades, con una conducta basada en valores y con un sentido ético de servicio hacia las personas con las que se comparte el liderazgo.

Tenemos la convicción de que el liderazgo comienza por liderarse. ¿Qué queremos decir con esto? Que la capacidad de liderar equipos de trabajo, facilitar la acción grupal y promover la superación de las personas va a estar condicionada por el propio proceso de desarrollo personal y por la adquisición de las competencias de quien lidera. Existe una antigua ley espiritual que dice: "Como es adentro es afuera", y esto nos señala que hacemos lo que somos. Nadie puede ofrecer lo que no posee, ni guiar por un sendero que previamente no transitó, ni brindar una enseñanza si primero no realizó el aprendizaje. El líder-coach puede acompañar a otros en su proceso de desarrollo hasta el nivel de conciencia al que ha llegado respecto de sí mismo.

Quien desee desempeñar la función de conducción desde el rol de liderazgo debe realizar un proceso de autoconocimiento, aprendizaje y evolución personal que le posibilite llevar a cabo en forma efectiva las responsabilidades que esto implica. Es sobre esta convicción que sostenemos que el proceso de desarrollo del líder-coach se recorre de adentro hacia afuera, y que el autoliderazgo es condición necesaria para el desempeño de un liderazgo eficaz.

Sergio "Cachito" Vigil[41], ex entrenador del seleccionado argentino de hockey femenino ("Las Leonas"), plantea: "Cuando somos capaces de mirar hacia nuestro interior, de cambiar aquello que no está funcionando, de combatir el miedo que ruge en nuestros oídos haciéndonos pensar que aquello que queremos es imposible o no es para nosotros, todas las cosas se alinean a nuestro favor y lo que parecía lejano comienza a conquistarse".

Todos los seres humanos podemos asumir la responsabilidad de ser líderes de nuestra propia vida. Quien lidera a los demás debe ser coherente con este compromiso, ya que no podemos conducir desde el liderazgo si no tenemos la capacidad de liderarnos a nosotros mismos.

---

41 Vigil, Sergio: *Un viaje al interior.* Hojas del Sur, Buenos Aires, 2013.

El liderazgo centrado en el "ser"

El camino para hacer, es ser.
Lao Tsé

La concepción generalizada de nuestra sociedad, la "mirada cultural" de la mayoría de las personas, es la que centra el esfuerzo y la atención en el "hacer" con el objetivo de "obtener". Cada individuo podrá valorar más o menos el obtener dinero, prestigio, poder o bienes materiales. Se mide y se aprecia el hacer en función del obtener, y es este el que determina el "ser", no como algo intrínseco a la persona, sino como algo asignado por el entorno social en función de lo que ha obtenido.

Vivimos en el espejismo de que cuanto mayor sea nuestro obtener, lograremos el objetivo de ser. Asimilamos la realización de nuestro ser al prestigio social, al reconocimiento y aprobación de los demás, y a alcanzar los parámetros sociales del "éxito"; por lo tanto, actuamos desde el convencimiento de que el obtener valida nuestro ser.

Nuestra propuesta consiste en salirnos de este "sentido común" y alterar esta lógica de *hacer/obtener/ser* para sustituirla por un modelo de vida sustentado en el *ser/hacer/obtener*. Lo primero que habría que aclarar es que este planteo no es para nada novedoso. Hace dos mil quinientos años, Heráclito, el pensador más relevante de la Grecia presocrática, nos indicaba que "Nuestro carácter es nuestro destino".

PARADIGMA SOCIAL DEL "ÉXITO"

HACER ➞ OBTENER ➞ SER

AUTOLIDERAZGO

SER ➞ HACER ➞ OBTENER

A nuestro entender, esta postura de vida adquiere una profunda trascendencia por dos aspectos distintos pero convergentes. Cuando un individuo vincula su hacer con su razón de ser, cuando actúa desde un propósito de vida basado en los más profundos valores humanos, su hacer adquiere un sentido y está alineado a su realización como persona.

Desde esta perspectiva no se vivencia a la actividad laboral únicamente como un medio de vida o como una forma de obtener bienes materiales, sino que se la integra como parte primordial de la existencia. Y cuando esto es así, los seres humanos ponemos todo nuestro entusiasmo, creatividad y energía en el trabajo que estamos realizando, sea cual fuere. No existe ninguna tarea menor o que no merezca realizarse con excelencia, ya que lo importante no está en la tarea en sí, sino en el sentido que le asignamos. Un científico en un laboratorio no va a tener ningún prurito en ponerse a ordenar o a limpiar si piensa que eso va a favorecer el trabajo que está realizando.

Con esto no estamos diciendo que el obtener no sea importante, sino que se resignifica desde un lugar diferente. En un caso el obtener es el objetivo último y el medio para legitimarse ante sí mismo y ante el entorno social (soy en tanto tengo). En la otra concepción, el obtener deviene como consecuencia lógica de nuestro hacer, que a su vez es asumido como parte de nuestro desarrollo como personas.

Erich Fromm[42] plantea lo que para él son dos formas diferentes de pararse en el mundo y vivir la vida, "dos modos básicos de la existencia: *tener y ser*". Sostiene que según las personas enfoquen su forma de vida en el *ser* o en el *tener*, se construyen "dos modos fundamentales de existencia, dos maneras diferentes de orientarse al mundo y a sí

---

42 Fromm, Erich: *¿Tener o ser?* Fondo de Cultura Económica, Buenos Aires, 2003.

mismo, dos formas distintas de estructura de carácter cuyo predominio condiciona la totalidad de lo que un hombre piensa, siente y hace".

El líder-coach es alguien que pregona y practica una profunda "coherencia ontológica", en el sentido de que su hacer está alineado con los valores y principios que sustentan su ser, y desde este accionar da ejemplo y aporta al desarrollo de la gente con la que trabaja y convive. En tal sentido, Stephen Covey[43] sostiene que "El liderazgo en la era de los trabajadores del conocimiento se caracterizará por aquellos que encuentren su propia voz y que, cualquiera que sea su posición, inspiren a otros a encontrar la suya".

Aprendizaje para la acción y la transformación

> *Cada uno de nosotros cree que es uno*
> *solo, pero es una presunción falsa.*
> *Somos tantos cuantas son las*
> *potencialidades del Ser que hay*
> *en nosotros. Conocemos únicamente*
> *una parte de nosotros y con toda*
> *probabilidad la menos significativa.*
> Luigi Pirandello

Mencionamos anteriormente que si bien es cierto que todos tenemos una manera determinada de ser –resultado de nuestro devenir en la vida– y esta manera de ser condiciona nuestro hacer, consideramos a las personas como seres en permanente e ininterrumpida construcción. La apertura a la comprensión del vínculo entre el "ser" y el "hacer" nos permite advertir que una de las formas más eficaces para ampliar y potenciar nuestra capacidad de hacer, es observando

---

43 Covey, Stephen: "El liderazgo es un arte que posibilita", en *De líder a líder,* Ediciones Granica, Buenos Aires, 2010.

y transformando nuestra particular forma de ser. Es decir que *modificando nuestra forma de ser accedemos a expandir nuestra capacidad de hacer.*

Pero a su vez es importante tomar conciencia sobre el carácter circular que adquiere este vínculo en la práctica concreta, ya que así como a través de transformar nuestra forma de ser logramos ampliar y mejorar nuestra capacidad de hacer, es justamente mediante el hacer que logramos evolucionar en nuestra forma de ser. Es este proceso de retroalimentación entre el ser y el hacer el que nos conduce por el camino del desarrollo y la autorrealización como personas. Al decir de Eduardo Galeano: "Al fin y al cabo somos lo que hacemos para cambiar lo que somos".

Es el aprendizaje el que realimenta este círculo virtuoso del vínculo del ser con el hacer, y está relacionado con cada uno de estos aspectos. En el *dominio del ser*, es a través de un proceso de aprendizaje que logramos cambiar nuestras interpretaciones y nuestra manera de asignarle sentido a nuestro acontecer en el mundo, y esto se vincula con la evolución de la persona y con la posibilidad del desarrollo de su potencial. A su vez, el aprendizaje está estrechamente vinculado con el *dominio del hacer*, con la acción y la transformación del mundo exterior, ya que a través de los procesos de aprendizaje y cambio accedemos a mejorar y ampliar nuestra capacidad de acción en pos de lograr los resultados que estamos comprometidos a alcanzar.

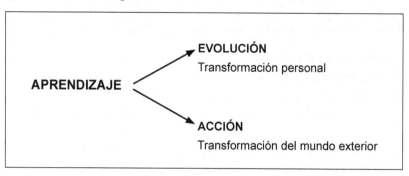

APRENDIZAJE

EVOLUCIÓN
Transformación personal

ACCIÓN
Transformación del mundo exterior

Poder Personal

La tarea de todo hombre es convertirse
en la mejor versión de sí mismo.
Warren Bennis

Los seres humanos poseemos inmensas potencialidades que no siempre logramos utilizar. Esto se debe a que ignoramos nuestra fuerza interior o la forma de acceder a ella y desplegarla en toda su magnitud. El proceso de desarrollo del autoliderazgo está relacionado con la expansión de nuestro Poder Personal y con la utilización de nuestras capacidades potenciales.

La palabra "poder" viene del latín *potere*, que significa "ser capaz de". El poder está relacionado con el "poder hacer", con la capacidad de acción y transformación, tanto sea en forma tangible y efectiva como en forma potencial. La potencialidad es poder en estado latente y, por lo tanto, da cuenta de la posibilidad de ampliar y expandir nuestro ser y nuestro hacer. Cuando decimos que toda persona tiene potencial de crecimiento estamos señalando que poseemos un poder interno que podemos desplegar bajo determinadas circunstancias.

El diccionario también se refiere a otra acepción de la palabra *poder,* y la define en relación con el "dominio, fuerza, control o facultad que alguien tiene para mandar o ejecutar una cosa". Comúnmente, cuando se dice que alguien tiene poder se hace referencia a este "poder externo" que está relacionado con el dinero, los bienes materiales o la ocupación de un puesto jerárquico en alguna institución o empresa. El problema surge cuando nuestra percepción del poder queda limitada a esta dimensión y solo reconocemos poder cuando visualizamos los símbolos de este "poder externo", que pueden estar representados por instituciones, insignias, diplomas, lugares y en general por cualquier objeto o propiedad que denote la posesión de poder económico.

Así como algunas personas enfocan todos sus esfuerzos en obtener y ostentar estos símbolos de poder, otras consideran el poder como algo intrínsecamente perverso y maligno que corrompe a quien lo posee. Entendemos que el poder no es en sí ni bueno ni malo, simplemente es. El carácter que adquiera depende de quien lo administre y para qué y cómo lo utilice, ya que como planteaba Abraham Maslow: "En manos de un ser humano sabio y maduro el poder es una bendición. Pero en manos de inmaduros, débiles o enfermos emocionales el poder es un peligro horrible". La pregunta que debe responderse cada uno es desde qué concepción y con qué valores decide transitar su propio camino de poder en el ejercicio del liderazgo.

Poder Personal y liderazgo

Cada uno de nosotros debe asumir el rol de líder, asumiendo primero la responsabilidad de dirigir su propia vida, para luego interactuar con otras personas en el trabajo, en el hogar y en cualquier otro lugar.
Deepak Chopra

Un aspecto fundamental en el camino del autoliderazgo es entender cómo se corresponde nuestro Poder Personal con el poder externo que tenemos o deseamos poseer. Esto implica tener un registro interno y percibir con claridad en qué momento estamos preparados y en condiciones para asumir mayores niveles de responsabilidad.

Esta mayor cuota de poder externo –que, por ejemplo, implica asumir una función de conducción– supone estar preparado y poseer el suficiente Poder Personal que nos posibilite afrontar los desafíos de esta nueva responsabilidad. Es esencial tener conciencia acerca del momento oportuno para avanzar en la demanda de poder externo. La mención a la *oportunidad* se refiere no solo a lo propicio de las condiciones y circunstancias del entorno, sino también al estado de nuestro propio proceso personal.

Al respecto se pueden presentar diversas circunstancias, como por ejemplo que alguien por apuro, ansiedad o ambición quiera acortar los plazos, acelerar el proceso y lograr rápidos resultados. Puede que quiera avanzar raudamente por la escala jerárquica y reclame, por ejemplo, una posición de conducción sin tener en cuenta su escasa experiencia y preparación para ejercer ese tipo de función. En estos casos, cuando alguien no está plenamente preparado para asumir un desafío, tanto por su formación profesional como por su desarrollo personal, esta avidez puede llevar al fracaso, con consecuencias negativas para la persona y su entorno laboral.

Cuando el poder externo excede el poder interior de la persona, podemos decir que es poderosa e impotente a la vez. En estas circunstancias la actitud correcta es posponer la demanda del poder externo y continuar el proceso de aprendizaje y evolución hasta evaluar que su Poder Personal es acorde con la responsabilidad que pretende asumir. Quien deja pasar de largo una supuesta "oportunidad" puede ser catalogado de tonto o cobarde, cuando en realidad esa actitud puede denotar una gran sabiduría y un acto responsable de autoliderazgo, al respetar su propio proceso de crecimiento y aprendizaje y al decidir posponer el desafío para cuando esté preparado para afrontarlo.

También puede suceder lo contrario, que alguien esté capacitado para asumir un mayor nivel de responsabilidad, haya trabajado para ello, haya realizado los aprendizajes necesarios y, sin embargo, en el momento de encarar el desafío, en la instancia de reclamar poder no lo haga. Esto puede ser por falta de autoestima, inseguridad, o simplemente por miedo al fracaso. En estos casos, si no se logra superar esta situación, lo que sucede es que se produce una pérdida del Poder Personal y un estancamiento en el proceso de desarrollo.

Cualquier avance en la vida implica un nivel de riesgo, y es importante estar dispuesto y apto para asumirlo. Es por esto que el devenir de nuestra evolución personal supone saber discernir cuál es el momento apropiado para encarar nuevos desafíos y aumentar nuestro poder exterior. En estos momentos tenemos que estar preparados y poseer las competencias necesarias, así como también evaluar nuestra disposición emocional, psicológica y espiritual para hacer frente al éxito o al fracaso y a cualquier tipo de contingencia que pudiera acontecer. En esas circunstancias, cuando evaluamos conscientemente que es nuestro momento para avanzar, reclamar poder y asumir la responsabilidad que ello implica, debemos actuar sin titubeos, con decisión y compromiso total.

Vínculo entre el Poder Personal y el poder exterior

	ACEPTAR DESAFÍOS	EVITAR DESAFÍOS
PODER PERSONAL SUFICIENTE	• Aprendizaje • Incremento del Poder Personal • Maestría	• Inseguro • Baja autoestima • Pérdida del Poder Personal
PODER PERSONAL INSUFICIENTE	• Ambicioso-ansioso • Posible derrota • Pérdida del Poder Personal	• Precavido • Consciente • Acumulación para la acción

Es por esto que en el juego de la vida es fundamental reconocer y saber equilibrar nuestro Poder Personal con el poder exterior. Desde esta perspectiva, la búsqueda del poder exterior no se constituye como un objetivo en sí mismo, ni mucho menos es lo que le otorga sentido a nuestro existir (*hacer/obtener/ser*), sino que, por el contrario, el poder exterior es una consecuencia natural de un proceso de crecimiento personal y afianzamiento de nuestro avance profesional (*ser/hacer/obtener*).

Pensemos cuáles son las consecuencias cuando, por distintas circunstancias, estos dos tipos de poderes no están equilibrados, como, por ejemplo, cuando en una organización se le otorga un puesto de poder a quien no está preparado para ejercerlo. Sin duda, los resultados pueden ser muy negativos. Huang-ti, predecesor de Confucio, hace 2.500 años señalaba que "Si una persona llega a ocupar un cargo de autoridad que excede sus virtudes, todos sufrirán".

El liderazgo sustentado en valores

> *He tomado sobre mis espaldas la*
> *responsabilidad de mejorar solo a una*
> *persona. Esa persona soy yo mismo*
> *y sé cuán difícil es conseguirlo.*
> Mahatma Gandhi

Sostuvimos que el camino del liderazgo se construye de adentro hacia afuera y que *el autoliderazgo es condición necesaria para el desempeño del líder-coach*. En este sentido entendemos que existen valores y actitudes que son relevantes y que constituyen características distintivas que definen con claridad y en profundidad el arte de vivir con maestría y dan soporte y basamento a esta concepción del liderazgo.

También planteamos que el cambio vertiginoso del mundo actual nos plantea el desafío del aprendizaje y la transformación personal. En este sentido podemos señalar la paradoja que implica el hecho de que para adaptarnos al cambio necesitamos partir de una base de permanencia, un *núcleo duro* basado en nuestros valores y principios. Son estos valores invariables los que sostienen la posibilidad de abrirnos al cambio incesante. Para modificar aspectos exteriores tenemos que fortalecer nuestro interior, tener claridad en nuestras convicciones, certeza en nuestro camino y seguridad respecto del destino hacia el cual nos dirigimos. Cultivar nuestros valores es parte del camino de construcción del autoliderazgo. Veamos algunos de ellos:

Autodeterminación y libertad interior

Muchas veces describimos un comportamiento propio como resultado de la acción de un tercero. Esta actitud de "acción por reacción" supone pensar que no hay otra forma de actuar más que como lo hicimos, y que no tuvimos otra alternativa frente a aquello que nos sucedió. Esta forma de entender que frente a una acción hay una sola reacción posible nos sitúa en una posición de inflexibilidad.

Una alternativa a la actitud de "reaccionar" es la de "responder" en forma consciente. En este caso entendemos que entre cualquier hecho o conducta que nos afecte y nuestra respuesta hay una distancia, un lugar donde podemos pararnos para elegir qué hacer al respecto. Es el espacio de nuestra *libertad interior.*

Desde este lugar de conciencia y responsabilidad frente a uno mismo podemos visualizar que no hay una sola reacción posible, sino que existe un conjunto de acciones y conductas que podemos elegir realizar, y que cualquiera que adoptemos va a ser por nuestra determinación, haciendo uso de nuestra capacidad de elección en función de nuestros valores y objetivos, y no como una reacción inconsciente. Quien asume un rol de liderazgo va a enfrentar innumerables situaciones problemáticas, contratiempos y dilemas éticos frente a los cuales va a tener que asumir una posición. Es frente a estas circunstancias que estos valores se tornan cruciales.

Integridad personal

El valor de la integridad define un conjunto de conductas que consideramos altamente significativas en el ejercicio del liderazgo. Gay Hendricks[44] propone la siguiente definición: "El domino de la integridad se reduce a tres cosas: ser auténtico con uno mismo, ser auténtico con los demás y hacer lo que hemos dicho que haríamos". Analicemos los tres aspectos de la definición de Hendricks.

Ser auténtico con uno mismo se refiere a aceptar los hechos aunque nos resulten dolorosos y no optar por una actitud de negación o de justificación; no ser evasivos frente a situaciones incómodas y encarar su solución; ser veraces con nosotros mismos y reconocer cuando nos hemos equivocado; no buscar excusas, no sentirnos víctimas de la situación y asumir nuestro nivel de responsabilidad cuando algo no salió de acuerdo con lo esperado; hacernos cargo de los aspectos que no nos gustan de nosotros y comprometernos con su transformación. La autenticidad con uno mismo nos abre puertas importantes para nuestro autoconocimiento y superación, y constituye un peldaño ineludible en el proceso de autoliderazgo.

Ser auténtico con los demás hace referencia a actuar con sinceridad y honestidad. Estas son características que dan cimiento a cualquier tipo de vínculo y son pilares de la confianza entre las personas.

El tercer componente de la integridad es *hacer lo que hemos dicho que haríamos*. Las personas predecibles generan confianza, dan seguridad y le restan incertidumbre al fu-

---

44 Hendricks, Gay: *La nueva mística empresarial.* Empresa Activa, Madrid, 1999.

turo. Hacer lo que hemos dicho que haríamos implica la impecabilidad en el cumplimiento de nuestras promesas, mantener nuestra palabra y honrar nuestros compromisos.

Ética del respeto mutuo

Nuestra concepción del líder-coach se sustenta en la ética de la aceptación de la diversidad y la convivencia en el profundo respeto a la legitimidad del otro, más allá de cualquier tipo de diferencias. Y léase bien que hablamos de aceptación y no de tolerancia, ya que tolerar es suspender o controlar una emoción de rechazo producida por una diferente forma de pensar o de actuar. Por el contrario, aceptar es admitir al otro en toda su complejidad y diversidad, en su auténtica forma de ser.

Se trata de entender que si solo estamos abiertos a aceptar a personas que piensen de manera similar a nosotros, en realidad solo estamos dispuestos a aceptarnos a nosotros mismos. Es decir, solo estamos reconociendo como legítima nuestra forma de ser y de pensar.

También es importante reflexionar sobre el hecho de que para aceptar al otro primero tenemos que aceptarnos a nosotros mismos. El autoliderazgo implica poseer confianza y seguridad en uno mismo. Solo desde la autovaloración y la autoestima podemos establecer una actitud de apertura hacia el otro, ya que la apertura también implica atreverse a aceptar su influencia.

Actitud de servicio

La actitud de servicio podemos caracterizarla como el espíritu permanente y cotidiano de brindar ayuda, acompañamiento, asistencia o apoyo de manera espontánea, no solo a nuestros seres más cercanos sino a cualquier persona con la que podamos interactuar. El valor del servicio habla del profundo sentido de colaboración para hacer la vida más plena a los demás.

Es una actitud de dar sin esperar nada a cambio, entendiendo que la recompensa está justamente en la satisfacción de dar, en brindarse al otro para ayudarle o para construir algo juntos. Esta manera de ser y de estar en la vida se constituye en una de las actitudes centrales del líder-coach, en donde lo prioritario es el valor que le podemos aportar al otro, tanto sea una persona en forma individual, como un equipo de trabajo, una organización o un ámbito social.

Robert Greenleaf[45] fue pionero en vincular el liderazgo con la actitud de servicio. Planteaba: "El liderazgo de servicio comienza con el sentimiento de que lo más importante para nosotros es servir y que para hacerlo necesitamos liderar. Para comprobar si lo estamos consiguiendo nos debemos preguntar si las personas a las que servimos crecen y son más libres, autónomas, sabias y sienten la necesidad de servir también a los demás".

Otros valores y actitudes significativas en el ejercicio del liderazgo son la humildad para reconocer lo que no se sabe y la actitud de aprendizaje permanentemente, la tenacidad para alcanzar los objetivos, la creatividad para abrir nuevos caminos, la flexibilidad en la búsqueda de consensos y el espíritu para emprender nuevos desafíos. También asumir la responsabilidad de aportar a la construcción de una sociedad más justa y un medio ambiente sustentable.

James Kerr[46], quien analizara los aspectos del liderazgo desarrollado en el legendario equipo de rugby de los All Blacks, sostiene: "Al reconocer nuestros valores más profundos podemos comprender qué clase de líderes somos y qué clase de vida queremos llevar. La autenticidad –marca de un verdadero líder– comienza con honestidad e integridad.

---

45 Greenleaf, Robert: *El servidor como líder*, Paulist Press, Nueva York, 1977.
46 Kerr, James: *Legado. 15 lecciones sobre liderazgo. Op. cit.*

(…) Si están alineados los valores, pensamientos, palabras y acciones, entonces nuestra palabra será nuestro mundo. Al conocernos, vivimos nuestra Visión. Al ser nuestra palabra, la hacemos suceder".

Están los que usan siempre la misma ropa.
Los que llevan amuletos.
Los que hacen promesas.
Los que imploran mirando al cielo.
Los que creen en supersticiones...
Y están los que siguen corriendo cuando tiemblan
las piernas.
Los que siguen jugando cuando se acaba el aire.
Los que siguen luchando cuando todo parece perdido,
como si cada vez fuera la última vez.
Convencidos de que la vida es un desafío.
Sufren, pero no se quejan.
Porque saben que el dolor pasa.
El sudor se seca.
El cansancio termina.

Pero hay algo que nunca desaparecerá:
la satisfacción de haberlo logrado.
En sus cuerpos hay la misma cantidad de músculos.
En sus venas corre la misma sangre.
Lo que los hace diferentes es su espíritu.
La determinación de alcanzar la cima.

Una cima a la que no se llega superando a los demás,
sino superándose a uno mismo.

(Autor anónimo)

Cuarta parte

LAS COMPETENCIAS DEL LÍDER-COACH

CAPÍTULO 9

Las competencias genéricas

La competencia como medida de la capacidad de acción

*Inteligencia es la capacidad
de aprender rápidamente.
Competencia es la capacidad
de actuar con sabiduría sobre
la base de lo aprendido.*
Alfred Whitehead

Planteados los comportamientos que dan cuenta del modelo de liderazgo que hemos denominado líder-coach, desarrollaremos en esta cuarta parte las competencias que deberá poseer o incorporar quien quiera desempeñar un rol de liderazgo.

Comencemos por hacer una puesta en común sobre el término "competencia". Podemos decir que una competencia es un conjunto integrado de conocimientos, habilidades y actitudes que posibilitan efectuar una acción o tener un desempeño efectivo en un contexto determinado. Estos componentes deben interactuar en forma conjunta, sincronizada y sinérgica para poder concretar la conducta deseada.

Analicemos estos elementos. El *conocimiento* da cuenta del componente cognitivo e implica poseer la información necesaria y la capacidad de analizarla, interpretarla y vincularla adecuadamente. El componente *habilidades* abarca las aptitudes, cualidades personales, destrezas físicas y capacidades intelectuales. Con este segundo aspecto constitutivo de las competencias pasamos del "saber" al "saber hacer". El tercer elemento, las *actitudes*, incide fuertemente en la implementación de este saber hacer. Cuando hablamos de actitudes incluimos los componentes motivacionales y afectivos, la disposición anímica y el estado emocional.

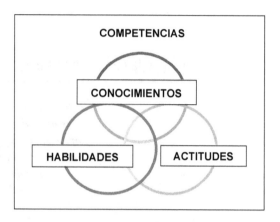

La primera aclaración es que nadie "es" competente, como si la competencia fuese una característica de su personalidad o un atributo innato que el individuo posee de por vida. Las personas "actúan" en forma competente en algún dominio específico y en un contexto determinado. Es decir, alguien puede ser muy competente en un aspecto y absolutamente incompetente en otro, y esto solo lo podremos determinar a través de la observación de sus conductas. También es factible que alguien actúe en forma competente en un contexto y se desempeñe de manera incompetente en otros, aun realizando el mismo tipo de acciones. Por ejemplo, puede ser que una persona se comunique con eficacia con los miembros de su equipo, pero que no logre los mismos resultados con colegas o superiores.

La competencia existe únicamente si se manifiesta en la práctica, y esto significa que no se trata solo de tener conocimientos. Un individuo puede tener muchos conocimientos pero no saber utilizarlos. También puede suceder que sepa muy bien cómo utilizarlos y, sin embargo, en determinados contextos no logre un accionar efectivo. Por ello, la competencia tendrá que describirse en términos de "saber actuar", que es realizar el *saber hacer* en un ámbito y en circunstancias determinadas.

Competencias genéricas

> *La inteligencia consiste no solo en el conocimiento, sino también en la destreza de aplicar los conocimientos en la práctica.*
> Aristóteles

Más allá de la pericia, de la formación profesional o de la solvencia técnica, se ponen en juego en el desempeño laboral un conjunto de destrezas y habilidades que no tienen que ver con la formación específica. El grado de conocimiento, los títulos académicos y el nivel de experiencia siguen siendo temas importantes, pero no excluyentes. Es por esto que una persona puede ser "sabio en conocimientos" pero incompetente en el desempeño de su función.

Para avanzar en este análisis debemos hacer una distinción sobre las competencias que se despliegan en las tareas que cada uno ejecuta. En tal sentido podemos decir que en el desempeño laboral hay dos tipos de competencias que inciden en la efectividad del trabajo: las competencias *técnicas* y las *genéricas*.

Cuando hablamos de las *competencias técnicas* nos referimos a los saberes y destrezas que un individuo tiene sobre un dominio específico. Estas competencias están directamente relacionadas con los conocimientos de un campo de estudio y generalmente han sido adquiridas en ámbitos de la educación formal o mediante la experiencia en el ejercicio de algún oficio. Así pues, nos encontraremos con distintas competencias técnicas que puedan tener abogados, constructores, analistas de sistemas, plomeros, ingenieros o veterinarios.

Pero estas competencias, por muy desarrolladas que se encuentren en un individuo, constituyen solo uno de los factores –muy importante, por cierto– que incidirán en su performance laboral. Así, dos personas que posean las mismas capacidades específicas pueden tener un desempeño diferente en un mismo ámbito laboral. Independientemente de lo que cada uno sepa en su campo de especialidad, su capacidad de acción, su desenvolvimiento en las tareas que realizan y el desarrollo de su carrera laboral van a estar condicionados por sus competencias *genéricas.*

Cuando hablamos de *competencias genéricas* estamos dando cuenta de las capacidades necesarias para la realización de un conjunto muy diverso de acciones, tales como generar una red de vínculos, transmitir ideas y conceptos, interactuar en grupos interdisciplinarios, negociar y generar acuerdos, tomar decisiones en forma colectiva y consensuada, resolver conflictos, trabajar en simultaneidad y cooperación con los diferentes actores involucrados, coordinar acciones, gestionar proyectos, y seleccionar, utilizar y compartir conocimientos, entre muchas otras actividades.

Así como decimos que una competencia requiere de la integración de conocimientos, habilidades y actitudes, el actuar en forma competente implica saber combinar e integrar en forma adecuada un conjunto de competencias técnicas y genéricas. Las competencias genéricas son transferibles y utilizables a una gran variedad de funciones y tareas.

No van unidas a ninguna disciplina, sino que se aplican a una multiplicidad de áreas y situaciones. Generalmente están relacionadas con los aspectos humanos del desempeño laboral y la gestión organizacional.

Muchas veces observamos a excelentes profesionales que no logran un buen desempeño laboral. Y esto sucede porque para lograr los objetivos establecidos generalmente se necesita, además de las competencias técnicas, poner en funcionamiento un conjunto de competencias genéricas que posibiliten accionar e interactuar con efectividad. En muchas empresas se observa que personal jerárquico con excelente formación no alcanza el desempeño requerido porque no interactúa con eficacia con otras áreas, no negocia correctamente los conflictos emergentes o no logra liderar sus equipos de trabajo. Sin las competencias genéricas necesarias para manejarse en esta red de vínculos, el mejor profesional puede ver malograda su capacidad técnica.

No se requieren las mismas competencias genéricas para quien se inicia en su vida laboral que para el que ocupa un puesto de conducción en una organización. En la medida en que alguien avanza en su carrera laboral, mayor va a ser la cantidad y diversidad de competencias genéricas que requerirá para desarrollar sus actividades con efectividad. Pensemos por ejemplo en alguien que se recibe de abogado y comienza a desempeñar funciones en una empresa. Es probable que un primer tramo de su carrera lo realice resolviendo problemas técnicos en el área jurídica y que un gran porcentaje de su tarea lo efectúe a través de sus competencias específicas de abogado. Aunque también tendrá que poner en juego algunas competencias genéricas para vincularse en forma efectiva con sus compañeros de trabajo, escuchar e interpretar los requerimientos de su superior, comunicarse y compartir información con sus colegas, y negociar en forma efectiva en algún litigio.

Supongamos que esta persona progresa en su carrera laboral y paulatinamente comienza a desempeñar tareas de mayor responsabilidad hasta ocupar una gerencia con treinta personas a cargo. En ese momento lo más probable es que la mayor parte de su trabajo lo realice a través de sus competencias genéricas. Tendrá que liderar equipos de trabajo, establecer y transmitir objetivos, tomar decisiones en forma consensuada, persuadir a sus colegas, inspirar y motivar a sus subordinados, negociar los conflictos emergentes, seleccionar y compartir información, decidir y proceder a arbitrajes entre criterios múltiples, y generar vínculos efectivos con clientes y proveedores.

Si bien planteamos que en la medida en que las personas avanzan en el desarrollo de su carrera aumenta proporcionalmente el impacto que las competencias genéricas tienen en su efectividad laboral, podemos afirmar que la tendencia generalizada es la exigencia de estas capacidades a todo tipo de trabajador del conocimiento.

Competencias genéricas y liderazgo

> *Aprender es descubrir lo que ya sabes.*
> *Hacer es demostrar lo que sabes.*
> *Enseñar es recordar a otros que*
> *saben tanto como tú. Todos somos*
> *aprendices, hacedores y maestros.*
> Richard Bach

Una de las características de las competencias genéricas es que su nivel de complejidad determina que para llevarlas a cabo hace falta incorporar e integrar otras competencias genéricas. Por ejemplo, analicemos la competencia de la *negociación*. Toda negociación se realiza dialogando con otro, y esto implica la habilidad de saber establecer un buen vínculo y conversar en forma productiva (competencias conversacionales). También presupone poseer y poder generar en el otro una actitud de apertura, confianza y creatividad para crear nuevas vías de solución a la problemática en cuestión (competencias emocionales). El trabajo en equipo implica, además de las competencias mencionadas, la capacidad para coordinar acciones con otros y saber actuar e interactuar en ámbitos interdisciplinarios (competencias interpersonales).

El nivel de mayor complejidad en las competencias genéricas se expresa en el liderazgo, ya que involucra no solo la efectividad personal e interpersonal sino también la habilidad y destreza para inspirar, guiar y facilitar el accionar de otras personas en un sentido determinado, a los efectos de generar un comportamiento colectivo orientado a alcanzar un objetivo compartido. Uno de los aspectos centrales del liderazgo tiene que ver con el *hacer a través de otros* y, por lo tanto, ejercer el liderazgo implica desarrollar un conjunto de competencias genéricas, adaptarlas y adecuarlas a las distintas situaciones y personas con las que se interactúa y, fundamentalmente, realizar todo esto a partir de una conducta ética y de valores que definen el accionar del liderazgo.

Las competencias de la "Maestría Personal"

> *Como seres humanos, nuestra grandeza*
> *radica no tanto en nuestra capacidad*
> *para rehacer el mundo, sino*
> *para rehacernos a nosotros mismos.*
> Mahatma Gandhi

Una importante conclusión a la que he arribado en la práctica profesional de entrenar y facilitar la adquisición de este tipo de competencias es que, más allá de la larga lista que se pueda enumerar, existe un *pequeño núcleo de competencias* genéricas que constituyen la base y el soporte de todas las demás.

La incorporación y el desarrollo de este grupo de competencias es el camino más seguro y eficaz para alcanzar la excelencia en las relaciones humanas y para llevar a la práctica las responsabilidades que definen las conductas del líder-coach que hemos descripto anteriormente. Estas competencias genéricas básicas las he denominado las *cinco competencias de la Maestría Personal* y las he analizado con amplitud en un libro publicado anteriormente[47]. Realizaremos a continuación una breve presentación de estas competencias, y a lo largo de los próximos capítulos desarrollaremos las características centrales de cada una de ellas.

1. Visión Personal

Esta primera competencia implica adquirir una noción de sentido y de propósito en nuestra vida. Está constituida por los valores, intereses y aspiraciones de cada uno, que le otorgan finalidad y significado a nuestra existencia y establecen la direccionalidad de nuestro accionar. Es la guía que nos indica el camino a seguir y nos aporta inspiración y entusiasmo en el trayecto. Podemos distinguir sus tres elementos fundantes: la *visión de futuro,* el *autoconocimiento* y el *diseño y construcción de futuro.*

2. Fortaleza emocional

La emocionalidad se relaciona con la predisposición para la acción y, por lo tanto, condiciona nuestro desempeño. La fortaleza emocional es la capacidad de las personas para conocer y gestionar sus emociones. Es la competencia que

---

47 Anzorena, Oscar: *Maestría Personal. El camino del liderazgo.* Lea, Buenos Aires, 2008.

nos posibilita ser conscientes de nuestros estados emocionales (percibirlos, identificarlos y comprenderlos), poseer autodominio emocional y tener la capacidad para generar los estados anímicos que posibiliten, en el entorno organizacional, la realización de las acciones necesarias para el logro de los objetivos propuestos.

3. Capacidad de aprendizaje y cambio

El cambio continuo nos plantea la necesidad del aprendizaje permanente. Es por esto que "aprender a aprender" se constituye como una competencia clave. Los nuevos desafíos y la rápida obsolescencia del conocimiento generan que muchas de las capacidades adquiridas durante años, en la actualidad no nos sirven u obstaculizan nuestro desempeño. Nuestra capacidad de aprendizaje es la única competencia que nos puede garantizar que nuestro accionar siga siendo efectivo y que vayamos adquiriendo y perfeccionado las competencias que nos sean requeridas por las sucesivas circunstancias que se presenten.

4. Competencias conversacionales

Tomamos conciencia de la importancia de las competencias conversacionales cuando comprendemos que gran parte de las tareas que desarrollamos en nuestra actividad laboral tienen un importante componente conversacional, ya que las realizamos dialogando con otras personas. Las competencias genéricas tienen en común que están basadas en competencias conversacionales. Nadie puede liderar, negociar, coordinar acciones o trabajar en equipo si no es a través de sus conversaciones. Todo lo que hacemos está condicionado por la calidad de nuestras conversaciones. El arte de conversar con efectividad está relacionado con el desarrollo de las siguientes competencias:

- Hablar con poder
- Escuchar en profundidad
- Indagar con maestría
- Entrar en sintonía
- Conversar en forma constructiva

5. Efectividad interpersonal

El resultado que podamos lograr en cualquier actividad que emprendamos va a estar determinado por nuestra capacidad de acción, pero también por nuestra habilidad para la coordinación de acciones con otras personas. La efectividad interpersonal implica el accionar competente en la coordinación de acciones, la realización de acuerdos y compromisos, la gestión de conflictos y la generación de una red de vínculos de alta calidad.

A eso de caer y volver a levantarte.
De fracasar y volver a comenzar.
De seguir un camino y tener que torcerlo.
De encontrar el dolor y tener que afrontarlo.
A eso, no le llames adversidad,
llámale sabiduría.

A eso de sentir la Mano de Dios
y saberte impotente.
De fijarte una meta y tener que seguir otra.
De huir de una prueba y tener que encararla.
De planear un vuelo y tener que recortarlo.
De aspirar y no poder, de querer y no saber,
de avanzar y no llegar.
A eso, no le llames castigo,
llámale enseñanza.
A eso de pasar días juntos radiantes.

Días felices y días tristes.
Días de soledad y días de compañía.
A eso, no le llames rutina,
llámale experiencia.

A eso de que tus ojos miren
y tus oídos oigan.
Y tu cerebro funcione y tus manos trabajen.
Y tu alma irradie y tu sensibilidad sienta.
Y tu corazón ame.
A eso, no le llames poder humano,
llámale Milagro Divino...

(Autor anónimo)

CAPÍTULO 10

Primera competencia: Visión Personal

Un propósito de vida

> *Tienen que encontrar qué es lo*
> *que aman hacer, y como en todo lo que*
> *tiene que ver con el corazón, lo sabrán*
> *cuando lo hayan encontrado.*
> Steve Jobs

La Visión Personal es la guía que nos indica el camino a seguir y nos aporta inspiración, entusiasmo y compromiso. Le brinda sentido y propósito a nuestra vida y se constituye en el elemento esencial que sustenta la responsabilidad del líder-coach con relación a la construcción de la Visión Compartida, ya que solo a partir de encontrarle un significado trascendente a nuestro existir lo podremos transmitir a la gente con la que trabajamos para, a partir de ahí, construir un propósito conjunto.

Para que la Visión Personal no sea un mero concepto teórico sino que adquiera la dimensión de una energía impulsora de nuestro accionar cotidiano, deberá estar basada en tres elementos constitutivos que interactúan en forma convergente.

Estos elementos son:

- Visión de Futuro.
- Autoconocimiento.
- Diseño y construcción de futuro.

Desarrollaremos a continuación estos tres conceptos.

Visión de Futuro

> *Para entender el corazón y la mente*
> *de una persona no te fijes en lo que*
> *ha hecho ni en lo que ha logrado,*
> *sino en lo que aspira a hacer.*
> Khalil Gibran

La Visión de Futuro implica imaginar el destino que queremos construir, crear la imagen de la vida que ambicionamos vivir, proyectar la manera como deseamos ser y lo que nos gustaría hacer. Esta visión, constituida por los valores, intereses y aspiraciones de cada uno de nosotros, le otorga finalidad y significado a nuestra vida y establece la direccionalidad en la cual orientamos nuestros objetivos a corto y mediano plazo. Nos impulsa hacia adelante y nos brinda el entusiasmo que nos posibilita encarar los retos y superar las dificultades. También nos aporta un lente especial a través del cual observamos el mundo.

Una de las características centrales de la Visión de Futuro está relacionada con la emocionalidad que genera. Cuando conectamos con nuestros deseos más profundos, cuando nos animamos a darle forma a nuestros sueños, cuando tenemos el coraje de emprender el camino e ir por ellos, se prende la chispa que enciende el fuego sagrado de los visionarios. De ahí surge la confianza en nosotros mismos, la fe en llegar al objetivo deseado, la energía para avanzar más allá de los inconvenientes y la perseverancia para insistir y persistir hasta encontrar por dónde avanzar.

La Visión representa aquello que deseamos profundamente, lo que le otorga un verdadero sentido a nuestra vida. La posibilidad de hacer realidad nuestros mayores anhelos es lo que, en definitiva, justifica nuestra existencia. Estar conectados con nuestra visión nos permite desplegar las fuerzas que anidan en nuestro corazón. Nos estimula a asumir los desafíos y a enfrentar los contratiempos. Nos convierte en invencibles aun en la derrota.

La capacidad de crear y comprometerse con una Visión de Futuro es una de las características distintivas del líder-coach y de aquellas personas que no se conforman con que las cosas *les pasen*, sino que hacen que sucedan. Imaginan, crean, generan nuevas realidades y en el camino se reinventan a ellos mismos. Construyen la vida que quieren vivir. Dudan y temen como todo ser humano, pero enfrentan sus propias limitaciones y aceptan los desafíos que les propone la conquista de sus sueños.

Comprometerse en hacer realidad su visión y en transmitir esta convicción y esta mística a la gente que los acompaña, es una característica distintiva de los líderes. Hay miles de ejemplos cotidianos que corroboran esto que afirmamos, pero si tuviéramos que buscar un ejemplo histórico de cómo la fuerza de una visión genera una energía individual y colectiva que puede producir transformaciones y lograr grandes objetivos, necesariamente tendríamos que hacer referencia al líder pacifista Martin Luther King.

En su lucha por la igualdad racial en Estados Unidos, su principal herramienta del cambio fue transmitirle a su gente su Visión de Futuro y su convicción de que sería realidad si todos se comprometían a lograrla. En uno de sus discursos memorables comenzó diciendo: "Tengo un sueño", y a lo largo de su alocución fue transmitiendo las características de ese sueño, construyendo en la mente y en el corazón de su pueblo la imagen de ese futuro anhelado. Decía: "Tengo el sueño de que un día mis cuatro hijos vivirán en una nación donde no serán juzgados por el color de su piel, sino por su valor como persona". La fuerza de esta imagen sobrevivió al líder (que fue asesinado un tiempo después) y se constituyó en un importante impulsor del proceso de lucha por la igualdad racial que vivió ese país.

Autoconocimiento

Conocer a los demás es inteligencia,
conocerse a sí mismo es verdadera
sabiduría.
Lao Tsé

El autoconocimiento implica tomar conciencia de dónde estamos parados, quién estamos siendo en este presente, aquí y ahora. Tener claridad en este aspecto es fundamental, ya que para establecer el camino que debemos transitar para llegar a donde queremos, debemos saber de dónde estamos partiendo.

Tan importante como saber adónde nos queremos dirigir es conocer el lugar de partida, ya que estos dos puntos son esenciales para poder trazar la ruta que debemos transitar. Construir una Visión de Futuro sin poseer un cabal conocimiento de uno mismo supone pensar que el horizonte es una línea en el firmamento que permanece inmutable y no darse cuenta de que se transforma de acuerdo con el lugar desde donde se lo observe. El autoconocimiento es el camino para obtener información sobre ese sitio de observación, es decir, sobre el tipo de observador que somos en este momento particular de nuestra vida.

Cuando hablamos de autoconocimiento nos referimos a comprender cuáles son nuestros esquemas interpretativos, paradigmas, creencias y valores que condicionan nuestro ser y nuestro hacer. Se trata también de tener conciencia acerca de nuestras capacidades, patrones de comportamiento, fortalezas y debilidades, formas de accionar y reaccionar, modos de actuar e interactuar. Un aspecto central tiene que ver con la conciencia emocional, saber qué tipo de emociones experimentamos, cómo se generan y qué impacto tienen en nuestra vida.

Tomar conciencia de todos estos aspectos, saber cómo se manifiestan en nosotros y cómo inciden en nuestro desempeño es el punto de partida. Pero este conocimiento sobre nosotros mismos no siempre es de fácil acceso. Muchas veces podemos subestimar una fortaleza o desconocer una debilidad, podemos tener actitudes que consideramos correctas y no darnos cuenta del efecto nocivo que generan en otras personas.

Un aspecto central del autoconocimiento es tomar conciencia de nuestros modelos mentales y de cómo actúan en nosotros, incidiendo en nuestra percepción y condicionando nuestra capacidad de elección y acción. Llamamos *modelos mentales* al conjunto de opiniones, teorías personales, distinciones, creencias y valores que utilizamos para percibir, analizar e interpretar todo tipo de fenómenos y circunstancias de nuestra vida. Estos modelos mentales ejercen una influencia determinante sobre nuestro modo de observar y comprender el mundo, y sobre nuestra manera de situarnos y de actuar en él.

Todo ser humano se vincula con el mundo exterior, conoce, aprende, interpreta, toma sus decisiones y actúa a través de sus modelos mentales. Cada persona vive en su propio y único modelo del mundo. Y es este modelo el que va a determinar la efectividad de la acción e interacción de las personas, tanto en el ámbito personal como en el laboral.

El conocimiento de la realidad no es algo a lo que accedamos en forma neutra y directa, sino que lo construimos y organizamos en forma activa. Esto encierra la paradoja de que todo lo que observamos y concebimos es necesariamente la consecuencia de nuestros propios modos y estilos de percepción e interpretación. O sea, vemos el mundo que es, de acuerdo a cómo somos.

El autoconocimiento es el pilar esencial en el que se sustenta la construcción del vínculo con el otro. Solo la conciencia sobre nosotros mismos nos posibilita establecer relaciones sanas y productivas con las demás personas y, por lo tanto, esto adquiere singular trascendencia cuando ejercemos un rol de liderazgo.

Diseño y construcción de futuro

La realización de tu sueño le dará
sentido, propósito y destino a tu vida.
Sergio "Cachito" Vigil

El concepto de Diseño y construcción de futuro conlleva la idea de hacernos responsables por el destino de nuestras vidas y por la construcción de nuestro futuro. Significa tomar fuertemente el timón de nuestra existencia y accionar en consecuencia. Tenemos nuestra hoja de ruta, conocemos dónde estamos y hacia dónde vamos, pero también tenemos conciencia de que eso de nada vale si no actuamos en consecuencia, si no nos comprometemos con lo que queremos construir, si no generamos acciones consistentes con lo que deseamos lograr. Sin la acción comprometida la Visión es un mero enunciado, una linda fantasía sin ningún resultado tangible.

Partimos del convencimiento de que el futuro no nos viene dado, sino que surge de una construcción cotidiana que solo puede realizarse en el presente. Esta idea de que debemos hacernos responsables de crear el mundo que anhelamos nos permite tener una actitud proactiva, vivir intensamente y disfrutar del tiempo que nos toca. La Visión se transforma en fuerza viviente cuando la gente actúa con la convicción de que puede modelar su futuro. Al decir de Stephen Covey, "La mejor manera de predecir el futuro es crearlo".

Lo esencial de la idea de Diseño y construcción de futuro es asumir la posición de actores y artífices de nuestra existencia, con la capacidad para decidir libremente qué queremos hacer y cómo queremos vivir. Concebirnos como seres activos, creativos e inventores de nuestro destino. Convertir nuestra pasión y nuestros sueños más profundos en el sentido de nuestras vidas, trabajando y disfrutando mientras los convertimos en realidad.

El principio básico de esta manera de encarar la vida, que constituye una de las características distintivas del líder-coach, es la convicción de que el futuro no está predeterminado sino que es el producto de nuestra creación y nuestra construcción cotidiana. Implica romper con la actitud de resignación y aceptación pasiva, rechazando la idea de que no existen posibilidades de cambio para uno mismo o para el entorno que nos rodea. Presupone cuestionar la creencia de que ser "razonable" conlleva la actitud de soportar las circunstancias que están dadas, sin tomar la iniciativa ni la responsabilidad de transformarlas.

Joseph Jaworski[48], creador del Forum Americano para el Liderazgo, afirma que "Si los individuos y las organizaciones operan desde la orientación generativa, desde la posibilidad más que desde la resignación, podemos crear el futuro en el que viviremos en lugar de limitarnos a reaccionar ante él cuando llegue... El liderazgo tiene que ver con crear, día a día, un dominio en el que nosotros y los que nos rodean profundicemos constantemente en nuestra comprensión de la realidad y seamos capaces de participar en la formación del futuro".

---

48 Jaworski, Joseph: *Sincronicidad*. Paidós, Buenos Aires, 1999.

La Visión empieza a tomar vida en el momento en que declaramos nuestro compromiso con su realización y comenzamos a ejecutar acciones concretas para lograrla. Damos los primeros pasos e iniciamos el camino de crear nuestro futuro. Dos elementos se combinan para poner en marcha este proceso: la convicción de que es posible crear una nueva realidad y el compromiso con su realización. La Visión es solo ilusión si no está acompañada de una acción comprometida, de una práctica consistente que permita que las cosas sucedan.

Es el compromiso que asumimos el que pone en movimiento los mecanismos del cambio y la transformación. La iniciativa y la acción efectiva surgen de una actitud de profundo compromiso con algo que se quiere lograr. El compromiso genera acción, pero es a su vez una acción en sí mismo. Realizamos la acción de comprometernos. El compromiso no acontece hasta que una persona lo declara y acciona en forma consecuente. A través de su acción comprometida, el individuo comienza a construir una realidad diferente.

Este compromiso tiene a su vez dos aspectos particulares. Uno está relacionado con la acción, con el trabajo constante, con el empeño y la persistencia para avanzar más allá de las dificultades. La otra cualidad del compromiso está vinculada con la actitud, con la disposición interna, con la conexión profunda que tenemos con nosotros mismos cuando estamos comprometidos con algo que consideramos trascendente.

Este estado de "estar comprometidos" lo podemos sentir corporalmente. Toda persona que en uno o más momentos de su vida ha trabajado comprometida y apasionadamente, sabrá y podrá reconocer a qué me estoy refiriendo. Esta sensación de compromiso se expresa en primer lugar en nuestro estado de ánimo, en el entusiasmo, en las ganas, en la disposición para encarar los desafíos que se presentan.

También en la manera en que prestamos atención y le asignamos sentido a lo que nos acontece y a lo que sucede a nuestro alrededor; escuchamos y observamos desde nuestro compromiso con la intención de detectar qué suceso o qué persona puede significar una oportunidad que beneficie nuestros proyectos.

Esta actitud de responsabilidad, de hacernos cargo de nosotros mismos, de la vida que queremos vivir y del mundo que deseamos construir, esta manera de accionar basada en el compromiso constituye uno de los pilares constitutivos del concepto del líder-coach y adquiere su sentido al crear nuevos contextos y al trabajar en forma consistente para realizar nuestros sueños... que al decir del filósofo Martín Buber "quieren ser hechos realidad con espíritu y acción humana".

Todas las personas al comienzo de su juventud saben cuál
es su Leyenda Personal.
En ese momento de la vida todo se ve claro, todo es posible
y ellas no tienen miedo de soñar y desear todo aquello
que les gustaría hacer en sus vidas.
No obstante, a medida que el tiempo va pasando,
una misteriosa fuerza trata de convencerlos de que es
imposible realizar su Leyenda Personal. (...)
Desgraciadamente pocos siguen el camino que les ha sido
trazado, y es el camino de la Leyenda Personal y de la
felicidad.
Consideran el mundo como algo amenazador
y, justamente por eso, el mundo se convierte en algo
amenazador.

Paulo Coelho

CAPÍTULO 11

Segunda competencia: fortaleza emocional

Emocionalidad y liderazgo

> *Saber qué hacer es inútil sin la*
> *fortaleza emocional para hacer*
> *lo que sabes.*
> Keith Raniere

En mi rol de consultor y coach organizacional he tenido la oportunidad de trabajar junto a muchos empresarios, gerentes y emprendedores que desempeñan su función desde el liderazgo. Al consultarlos acerca de cuáles de sus condiciones personales les posibilitaron afrontar los innumerables desafíos que se les fueron presentando a lo largo de su desempeño laboral, la mayoría de ellos rescata su espíritu emprendedor, su entusiasmo para promover nuevos proyectos, su temple para afrontar las adversidades, su capacidad para generar confianza y compromiso en sus equipos de trabajo. Reconocen sus competencias emocionales como uno de los aspectos que han marcado una diferencia en su desarrollo profesional y en la construcción de sus vidas. Es su "fortaleza emocional" la que les ha posibilitado soportar la incertidumbre en la toma de decisiones, afrontar las dificultades, superar el temor al fracaso, asumir el riesgo de la innovación y tener el temperamento para conducir el barco a destino.

Este reconocimiento de lo emocional como un factor determinante en la efectividad de nuestros comportamientos es un hecho relativamente nuevo, no solo en el mundo empresarial sino en la sociedad en general. A pesar de la importancia y centralidad que poseen las emociones en todos los aspectos de nuestra existencia, tradicionalmente fueron visualizadas como algo subalterno del ser humano, e incluso como un área de nuestra existencia que había que dominar y someter en aras de la racionalidad y la inteligencia.

Las emociones poseen omnipresencia en todos los aspectos de nuestro quehacer cotidiano. Representan la experiencia más personal, íntima e intransferible que poseemos. La forma de sentir y expresar nuestras emociones marca nuestro existir, determina nuestra calidad de vida y nos constituye en el ser que somos.

Entendemos que los dominios de la razón y de la emoción (junto con el corporal) constituyen al ser humano como tal, y que si bien cada uno de ellos posee sus características particulares, en la operación cotidiana se manifiestan en una relación de interdependencia y mutua influencia. Por lo tanto, más que determinar la prevalencia de uno de ellos, es menester plantearse el desarrollo de ambos en un contexto de armonía y equilibrio. Desde esta perspectiva concebimos a la Fortaleza emocional como una de las competencias esenciales que debe desarrollar el líder-coach.

Esta competencia está vinculada a la responsabilidad de "predisponer emocionalmente" a su equipo, es decir, a generar los estados emocionales que sean funcionales a las acciones que deben realizar en función del logro de los objetivos propuestos. Hay dos aspectos constitutivos y a su vez complementarios entre sí de esta competencia: la "conciencia emocional" y el "autodominio emocional".

Conciencia emocional

Si te sientes dolido por las cosas externas, no son estas las que te molestan, sino tu propio juicio acerca de ellas. Y está en tu poder el cambiar este juicio ahora mismo.

Marco Aurelio

Podemos caracterizar a la conciencia emocional como la capacidad de conocer y comprender nuestras emociones y estados de ánimo. Debemos pensar en la conciencia emocional como un proceso acumulativo de autoconocimiento, que se va enriqueciendo y realimentando en forma continua.

Cuando somos más conscientes de los mecanismos de pensamiento que desencadenan nuestras emociones vamos descubriendo nuevas distinciones y sutilezas en nuestras conductas emocionales que se reiteran frente a ciertas circunstancias. Ante cada situación en la que se ponen en juego estos mecanismos podemos aprender algo nuevo sobre nosotros mismos. Este nivel de conciencia vehiculiza nuestro crecimiento personal y nos posibilita capitalizar nuestras experiencias.

La conciencia emocional abarca cuatro aspectos:

* Identificar lo que sentimos.
* Interpretar nuestras emociones.
* Evaluar la funcionalidad de nuestros estados de ánimo.
* Responsabilizarnos por nuestra emocionalidad.

La capacidad de *identificar lo que sentimos* en cada momento puede parecer algo muy obvio, aunque no siempre es tan sencillo. Muchas personas tienen grandes dificultades para conectarse con sus propias emociones, simplemente porque no han tenido la posibilidad de desarrollar una "educación" emocional. Hay familias y ámbitos sociales en los que no se habla de las emociones y está mal visto manifestar en forma abierta los sentimientos. Más aún, tradicionalmente a los varones se les inculcó la noción de que expresar las emociones era síntoma de debilidad e incluso de poca hombría. El antiguo dicho de que "los hombres no lloran" da cuenta de esta creencia colectiva tan arraigada. Aún hoy se escucha a algunos padres decirles a sus niños pequeños: "no llores, no seas maricón".

Este tipo de formación (o deformación) hace que mucha gente haya generado mecanismos de desconexión con su propia emocionalidad, en la creencia de que no hay que prestarle atención o, a lo sumo, cuando emerge hay que poder doblegarla y ocultarla. El proceso de desarrollo de nuestra conciencia emocional implica desandar ese camino comenzando por el aprendizaje de registrar e identificar nuestras emociones. Saber reconocer si estamos sintiendo bronca, enojo, miedo, culpa o angustia. La emoción que sea no está ni bien ni mal, simplemente es lo que nos está pasando en este aquí y ahora.

Reconocer nuestro estado emocional nos permite pasar al segundo aspecto, que es el de *interpretar nuestras emociones.* Para ello, lo primero es desarmar la ilusión de que existe una relación de causalidad ineludible entre el estímulo exterior y la emoción que surge frente a él. Lo que genera el proceso biológico emocional no es en sí el estímulo, sino la interpretación que realizamos. Es decir, en el proceso de percepción se pone en funcionamiento en forma simultánea la recepción del estímulo por parte de nuestros sentidos y la asignación del significado particular que sobre ese estímulo hacemos. En el proceso concurrente de recibir el estímulo y darle una evaluación valorativa interviene nuestro modelo mental, nuestra memoria emocional y también el estado de ánimo que tengamos en ese momento. Siempre es la interpretación que le conferimos a los hechos la que genera la emocionalidad. Por lo tanto, este aspecto de nuestra conciencia emocional está relacionado con poder determinar qué pensamiento está disparando nuestro estado anímico.

El tercer aspecto de la conciencia emocional es el relacionado con nuestra capacidad para *evaluar la funcionalidad de nuestros estados de ánimo.* De nada nos sirve clasificar nuestras emociones como buenas o malas, positivas o negativas, ya que una emoción que puede resultarnos perjudicial en una determinada situación nos puede ayudar o alertar en otro momento. Los seres humanos poseemos un amplio repertorio de emociones y, más allá de que algunas nos resulten más agradables que otras, todas ellas tienen una utilidad y una razón de ser. Lo importante es determinar si un estado de ánimo es *funcional o disfuncional* a los efectos de la eficacia de nuestras conductas.

Determinar la funcionalidad o disfuncionalidad de un estado de ánimo es un juicio que realizamos con relación al tipo de acción que debemos llevar a cabo, partiendo de la base de que cada emocionalidad establece una particular predisposición de comportamiento. Por lo tanto, decimos que un estado de ánimo es funcional a determinada conducta en un contexto dado cuando consideramos que es el más adecuado y pertinente para desarrollar nuestro accionar de forma efectiva.

Por ejemplo, si quien lidera debe realizar una conversación de feedback con alguien de su equipo, el primer punto a tener en cuenta antes de efectuar la reunión es disponer su emocionalidad en forma apropiada para poder lograr el objetivo de entregarle a la persona opiniones de manera fundamentada y pedirle la realización de las acciones que el líder considera convenientes. Si registra que su estado de ánimo es de enojo o fastidio y, por lo tanto, evalúa que esa emocionalidad lo puede conducir a que en la conversación realice algún comentario descalificante o agresivo, debe considerar que su estado emocional es disfuncional y que es necesario modificarlo antes de realizar la entrevista.

El cuarto aspecto de la conciencia emocional está relacionado con responsabilizarnos por nuestra emocionalidad.

Esto implica hacernos cargo de lo que sentimos, sin pretender buscar culpables entre la gente que nos rodea. Muchas veces solemos decir o escuchar frases tales como: "me haces poner triste", "la culpa es tuya que me haces enojar", "esta persona me altera, me hace poner nervioso". Estas narrativas dan cuenta de un tipo de pensamiento mediante el cual consideramos nuestra emocionalidad como un efecto inevitable de la conducta ajena y, por lo tanto, no asumimos ninguna responsabilidad por lo que sentimos.

Si, por el contrario, somos conscientes de que nuestro comportamiento emocional está condicionado por nuestras interpretaciones, sin negar la importancia del hecho o acontecimiento que "gatilla" nuestra emocionalidad, podemos actuar haciéndonos cargo de ella. Por lo tanto, ante los mismos ejemplos podríamos decir: "cuando te escucho decir esto siento tristeza...", "ante este comportamiento tuyo siento un gran enojo porque...". Aunque puedan escucharse ambos tipos de frases como similares, la diferencia está en que nos hacemos cargo de lo que nos pasa. Únicamente desde esta posición de responsabilidad ante nuestra propia emocionalidad retomamos nuestro Poder Personal para intervenir en los estados de ánimo que consideramos disfuncionales.

Autodominio emocional

Cualquier persona puede enfadarse, eso es fácil. Pero enfadarse con la persona correcta, en el grado exacto, en el momento oportuno, por la razón justa y de la manera adecuada, eso ya no es tan fácil.
Aristóteles

Haciendo una libre interpretación del significado de la frase de Aristóteles, podríamos decir que el problema no está en la emoción sino en qué hacemos con ella. En este sentido, la pregunta que podemos formularnos es: *¿cómo podemos hacer para manejar nuestras emociones y que ellas no nos manejen a nosotros?*

La conciencia emocional nos posibilita avanzar en nuestro autoconocimiento, pero de poco vale conocer y comprender nuestras emociones si no poseemos las herramientas necesarias para salir de los estados de ánimo disfuncionales, canalizar nuestra emocionalidad en forma efectiva y acceder a emociones placenteras. El autodominio emocional consiste en adquirir la pericia para realizar una elección consciente de nuestros estados emocionales en función de poder responder en la forma más eficaz y apropiada en cada situación que se nos presente. En tal sentido, vale hacer la distinción entre *emoción* y *estado de ánimo.*

La *emoción* surge como emergente de un hecho puntual o un acontecimiento determinado. Se manifiesta como una reacción específica que se desencadena ante la percepción de un estímulo y nos dispone a actuar en algún sentido. Las emociones se nos producen en forma automática, como respuesta inconsciente ante un hecho o situación que acontece en nuestro entorno. Muchas veces no podemos hacer nada que impida tener estas emociones, ya que generalmente se disparan sin que intervenga nuestra decisión o voluntad, pero el tema es qué hacer con esa emocionalidad que se origina como una reacción involuntaria.

Cuando hablamos de *estados de ánimo* damos cuenta de una emocionalidad más permanente que actúa como trasfondo de nuestro accionar. Puede ser que una fuerte emoción devenga en un estado de ánimo y que se instale como una emocionalidad que tiña nuestra percepción y nuestra capacidad de acción. Por ejemplo, una emoción de profundo dolor puede devenir en un estado de ánimo de tristeza o melancolía.

Esta distinción es importante tenerla en cuenta cuando observamos y analizamos los estados anímicos de las personas o de los equipos de trabajo, ya que si relacionamos la emocionalidad con la capacidad de acción, los resultados que se puedan obtener desde un estado de ánimo de entusiasmo, optimismo y confianza no serán los mismos que los que se basen en otro de desmotivación, desconfianza o temor.

Nuestra área de responsabilidad comienza al poder decidir qué actitud asumimos con nuestros estados de ánimo. Es decir, no somos responsables de "entrar" en determinada emocionalidad, pero sí somos responsables de "salir" de ella si no la consideramos funcional para las acciones que debemos desarrollar y los objetivos que deseamos lograr.

Mencionamos anteriormente que las emociones generan la energía y la disposición corporal para que la conducta sea posible. Esa energía que produce la emoción debe ser canalizada, manifestada o transformada de algún modo, ya que no desaparece por arte de magia. Acá nos encontramos con dos situaciones problemáticas posibles. La primera se produce cuando nuestra emocionalidad se expresa sin medir las consecuencias y sin tener en cuenta el daño u ofensa que le podemos causar al otro. Esto ocurre, por ejemplo, cuando damos rienda suelta a nuestro enojo y lo manifestamos con agresividad, hostilidad, llegando incluso hasta la violencia verbal o física. Generalmente, luego de estos ataques de furia nos sentimos aún peor que antes.

La otra situación problemática es cuando reprimimos y acumulamos nuestras emociones. Es el caso de las personas que parecen inmutables mientras que en su interior se gesta un volcán emocional. Esta acumulación energética se puede canalizar como una explosión emocional (y ahí volvemos al caso anterior), o se puede expresar como una implosión, es decir, como una explosión interna que se manifiesta corporalmente en contracturas, migrañas, úlceras, infartos o en algún otro síntoma físico.

Al tomar conciencia de nuestra emocionalidad abrimos nuevas posibilidades de acción que nos permiten intervenir en su diseño y transformación, y de esta manera lograr el autodominio emocional. Existen diversas "estrategias de intervención" que nos permiten transmutar los estados de ánimo que consideramos disfuncionales, aunque no vamos a desarrollarlas aquí, ya que lo hemos hecho en trabajos anteriores[49].

Percepción emocional y empatía

La clave para entender a los otros
es entenderse a uno mismo.
Helen Williams

La percepción emocional y la empatía son dos habilidades imprescindibles para llevar a cabo la predisposición emocional en los equipos de trabajo o en ámbitos organizacionales.

La percepción emocional es la capacidad de captar el estado anímico de las personas. Supone un continuo intento por comprender la emocionalidad y la realidad subjetiva del otro. Implica estar atentos y conscientes acerca de las señales que en forma permanente emiten nuestros interlocutores y que pueden "leerse" como expresiones de sus estados internos. Poder comprender que ese gesto casi imperceptible en la cara de nuestro interlocutor puede ser una señal de que algo de lo que dijimos le afectó, lo inquietó o no le gustó, puede ser tan importante como la destreza de desentrañar el significado de un texto escrito.

---

49 Anzorena, Oscar: *Maestría Personal. Op. cit*

El vínculo entre emocionalidad y corporalidad hace que nuestras emociones tengan un necesario correlato en expresiones inconscientes que realizamos en forma automática a nivel corporal. Este conjunto de señales las denominados "lenguaje no verbal". La postural corporal, los movimientos y gestos, la inclinación de la cabeza, la mirada, el ritmo respiratorio, el tono y la intensidad de la voz son portadores de información acerca de nuestros estados anímicos. La percepción emocional consiste en prestarle atención a este conjunto de sutiles señales, decodificarlas y darles la interpretación apropiada.

Esta habilidad para leer el lenguaje no verbal y acceder a los estados de ánimo de las personas que nos rodean, es algo que todos vamos desarrollando desde pequeños y constituye un elemento fundamental en las relaciones humanas. Es una destreza que, empleada con acierto, facilita el desenvolvimiento de los vínculos interpersonales.

Uno de los factores que influyen en esta competencia está relacionado con el nivel de conciencia emocional y con el vínculo que tenga el individuo con sus propias emociones. La capacidad de reconocer y comprender nuestra propia emocionalidad nos procura una base desde la cual opera nuestro "radar emocional".

Las personas que tienen dificultades para percibir las emociones de los demás generalmente expresan esta incompetencia como una torpeza social y son vistos como sujetos fríos e insensibles. Muchas veces, cuando estamos muy cansados, sumergidos en una emocionalidad de preocupación o metidos en nuestro propio "rollo interno", perdemos de vista al otro y dejamos de percibir las señales de su emocionalidad. El desactivar nuestro radar emocional generalmente nos trae consecuencias no muy gratas en nuestras relaciones interpersonales, ya que al desconocer las emociones del otro, este se siente molesto, herido o ignorado.

Si la percepción emocional implica la habilidad para reconocer los sentimientos de los demás, la empatía supone tomar la perspectiva de nuestro interlocutor, entender sus estructuras de pensamiento y compartir sus emociones. Es la capacidad de "ponerse en el lugar del otro" y ver una situación desde su punto de vista. Es como colocarse en sus zapatos y poder comprender lo que siente.

La empatía abarca la percepción emocional, pero va más allá. Nadie podrá empatizar con otro si ignora y pasa por alto su estado emocional, pero una vez que percibimos la emocionalidad de nuestro interlocutor podemos utilizar esa información de distintas maneras. La empatía implica que entremos en el mundo del otro y veamos las cosas desde su lugar de observación.

Las emociones de los demás resuenan en nosotros, vivenciamos y compartimos sus sentimientos y podemos comprender qué cosas las provocan. Al decir de Daniel Goleman[50]: "De todas las competencias de la inteligencia emocional, la empatía es la fundamental para comprender y apreciar los sentimientos de las demás personas. Es la dimensión base para todas las competencias sociales que son importantes en el ambiente laboral".

La empatía presupone que dejemos en suspenso momentáneamente nuestro punto de vista. No obstante, ponernos en el lugar del otro, entender sus motivaciones y las razones que explican su comportamiento, comprender su perspectiva y emocionalidad, no quiere decir que compartamos sus opiniones, ni supone una valoración positiva de su persona.

---

50 Goleman, Daniel: *La inteligencia emocional en la empresa. Op. cit.*

*La única razón de tu sufrimiento son tus ideas sobre
cómo deberían comportarse las personas en relación
contigo, creyendo que tus ideas son las más correctas.
No sufres por lo que otros hacen, sino por la expectativa
de que ellos se comporten según tus deseos.
Y ellos violan tus expectativas.
Son tus expectativas las que te hieren.*

Anthony de Mello

CAPÍTULO 12

Tercera competencia: capacidad de aprendizaje y cambio

Una de las competencias clave que debe desarrollar el líder-coach es la de "aprender a aprender", ya que la posibilidad del aprendizaje constante es lo único que le va a permitir superar la vertiginosa obsolescencia del conocimiento, transformar los comportamientos que ya no le resultan de utilidad, y adquirir y mejorar las competencias que le sean requeridas frente a cada circunstancia y ante cada nuevo desafío. Para poder llevar a cabo este proceso es necesario tener una profunda comprensión de cómo se generan estas instancias de aprendizaje y reaprendizaje.

El proceso de aprendizaje

> *Los analfabetos del siglo XXI*
> *serán los que no sepan aprender,*
> *desaprender y reaprender.*
> Alvin Toffler

A veces un curso, la lectura de un libro, una conferencia o la charla con algún especialista nos produce el efecto del encantamiento. Nos fascina no tanto por lo que aprendemos en ese momento, sino porque nos alumbra un área desconocida, algo que antes no podíamos observar. Esto muchas veces también sucede en las sesiones de coaching, cuando la persona vislumbra aspectos no considerados y de pronto "descubre" algo que había estado allí todo el tiempo pero que nunca antes había podido observar. En ese momento se produce lo que la psicología gestáltica denomina el "darse cuenta". O, dicho en términos más cotidianos: "le cae la ficha". Cuando esto sucede podemos ver cómo a la persona le cambia la emocionalidad y lo expresa corporalmente, sobre todo mediante el brillo de su mirada. Es que ahora "lo ve", y eso es maravilloso.

Todos poseemos áreas de conocimientos y destrezas, cosas que sabemos y podemos realizar. También tenemos conciencia de que existen muchos aspectos que desconocemos y acciones que no podemos desempeñar. Pero hay una infinidad de cosas que ni siquiera sabemos que existen. Es decir, un área en la cual no sabemos que no sabemos.

Sobre el área de "ceguera cognitiva" (sobre lo que "no sé que no sé") nada podemos hacer. La *ignorancia de nuestra ignorancia* nos sitúa en la inacción, no podemos ver su existencia, es invisible a nuestra mirada. Confucio aseveraba: "Saber que se sabe lo que se sabe y que no se sabe lo que no se sabe; he aquí el verdadero saber".

Hay un fragmento de R. D. Laing muy revelador al respecto, que dice: "El rango de lo que vemos y hacemos está limitado por lo que no conseguimos apreciar. Y debido a que no nos damos cuenta de que no conseguimos darnos cuenta, hay poco que podamos hacer para cambiar hasta que nos demos cuenta de lo mucho que modela nuestros pensamientos y acciones el hecho de no darnos cuenta".

Esto expresa la paradoja de que para comenzar un proceso de aprendizaje lo primero que tenemos que hacer es advertir nuestra ignorancia o nuestra área de incompetencia. Algunas veces es suficiente con el "darse cuenta" para ponerse en marcha y realizar el cambio o llevar a cabo una acción para lograr un resultado esperado. En estos casos basta con salir de la ceguera cognitiva para ampliar nuestra capacidad de acción y lograr los resultados que antes no conseguíamos obtener.

Hay muchas otras situaciones en las que esto solo no basta. Para poder pasar a la acción se requiere incorporar una nueva competencia. En estos casos, "darse cuenta", descubrir cuál es nuestra área de incompetencia constituye el primer paso que nos habilita a comenzar un proceso de aprendizaje. Es decir, nos posibilita reconocer nuestra ignorancia en un dominio particular, declarar "no sé" y de este modo pasar de la "incompetencia inconsciente" a la "incompetencia consciente". Recién cuando "sé que no sé" tengo la opción de declarar "quiero aprender", que constituye el inicio de cualquier camino de aprendizaje.

En otros casos la traba para iniciar el aprendizaje no surge por la falta de conciencia acerca de la propia incompetencia, sino por la dificultad personal de aceptar que "no sé", por la resistencia a declarar la ignorancia acerca de algún aspecto específico. Esta incompetencia para reconocer la propia incompetencia (valga la paradoja) es un factor de inefectividad y uno de los principales generadores de tensión emocional en los niveles gerenciales de las empresas.

Se parte de la creencia generalizada de que saber es más importante que aprender, y, por lo tanto, cuando surgen nuevas problemáticas que requieren diferentes saberes, los que están al mando, en vez de aceptar su ignorancia, pedir ayuda o abrirse al conocimiento de sus colaboradores, centran sus esfuerzos en ocultar o disimular sus dificultades, obturando de esta manera la oportunidad del aprendizaje individual y colectivo.

EL PROCESO DE APRENDIZAJE

Una investigación realizada por la consultora Recursos Humanos y Organización[51] llega a las siguientes conclusiones: "Por lo general observamos que aquellos que ocupan cargos de conducción no reconocen su necesidad de aprendizaje. En algunos casos por cuestiones de personalidad y en otros –en los que la cultura organizacional es muy fuerte– porque el 'no reconocimiento' de la necesidad de aprendizaje se manifiesta como una pauta cultural que indica que *jefe es el que sabe* y que decir 'no sé' es signo de debilidad. (…) La capacidad de aprendizaje de los managers

---

51 Regatky, Ariel: "El liderazgo", publicado en el newsletter N° 3 de la consultora Recursos Humanos y Organización, Buenos Aires, 2002.

necesita previamente el reconocimiento de que hay ciertas cosas que no son sabidas y, según los colaboradores que han evaluado a sus jefes, este reconocimiento está ausente en la conducción de nuestras empresas. Una cuota de humildad, poco presente en la cultura argentina, es necesaria para poder decir 'no sé' y desarrollar todas las acciones posteriores que permitan crecer al sujeto y a la organización".

Desde nuestra perspectiva, la declaración de ignorancia no solo no es un disvalor, sino que constituye el mojón de inicio del camino de aprendizaje. Solo si declaramos "no sé" podremos declarar "quiero aprender". Cuando nos constituimos en aprendices pasamos a la etapa de la "competencia consciente". Para interpretar por qué la denominamos competencia consciente, tal vez baste recordar el comienzo de un aprendizaje que realizamos en algún momento de nuestra vida. Por ejemplo, cuando aprendimos a manejar un automóvil.

Si nos retrotraemos mentalmente a ese momento podremos revivir lo dificultoso que nos resultaba calcular la velocidad con que teníamos que levantar el pie izquierdo del embrague para que no se nos parara el auto, y cómo nos costaba medir la fuerza con la que debíamos pisar el freno para que el coche no se detuviera bruscamente. Teníamos que estar concentrados en realizar los cambios de acuerdo con la velocidad del vehículo, y hacerlo con delicadeza para que no crujiera la caja. También debíamos maniobrar el volante, observar el espejo retrovisor, estar atentos al tránsito, a los transeúntes y a las señales del semáforo. Todos recordamos el esfuerzo de concentración que implicaba realizar estas acciones en forma sincronizada, con pericia y en el momento oportuno.

La energía que nos demandaba y la tensión que nos producía ese nivel de atención focalizada hacía que en esos momentos ni se nos ocurriera que pudiéramos realizar cualquier otra actividad mientras conducíamos, como escuchar radio o conversar con el acompañante. Justamente por esto denominamos a esta etapa "competencia consciente", ya que ejercerla en este estadio del aprendizaje nos implica un alto nivel de conciencia, concentración y atención hacia la tarea desempeñada. Ya poseemos la habilidad, pero aún no sabemos aplicarla con destreza. Podemos realizar la acción, pero para ello debemos pensar y tener en cuenta lo aprendido.

Solo cuando a través del tiempo y de la ejercitación recurrente logramos incorporarla como una práctica cotidiana, podremos desarrollarla con la máxima efectividad y sin prestarle mayor atención. Es así que logramos ir conduciendo mientras escuchamos el informativo en la radio, conversamos con nuestro acompañante y disfrutamos del paisaje. Y podemos realizar todas estas acciones en forma simultánea porque quien está al mando del volante ya no es nuestra parte consciente, sino nuestra mente inconsciente que evidentemente lo realiza con mayor pericia.

Nuestra mente consciente fijó el objetivo, pensó en el recorrido más conveniente y luego le transfirió el mando a nuestro inconsciente, liberando su atención para otros menesteres más interesantes. Si bien estamos atentos al camino y a cualquier maniobra que debamos realizar, accionamos en forma automática y sumamente efectiva. La competencia está instalada en nuestro cuerpo y, por lo tanto, ya no es necesario reflexionar ante cada movimiento. Cuando esto sucede, significa que hemos llegado al máximo nivel de nuestra competencia, es decir, a la "competencia inconsciente".

Si analizamos con detenimiento el proceso descripto veremos que desafía nuestro sentido común, ya que existe una creencia generalizada de que es la atención consciente la que posibilita ejecutar una acción en forma efectiva, y aquí estamos sosteniendo justamente lo contrario. Decimos que necesitamos toda nuestra conciencia, nuestra racionalidad cognitiva durante el proceso de aprendizaje, pero que la prueba de que este se ha producido es que lo hemos *incorporado,* hemos introducido el "saber hacer" en nuestro cuerpo y ahora podemos accionar en forma automática. Estamos en condiciones de efectuar nuestras tareas con eficacia y sin que esto suponga un esfuerzo adicional.

El proceso de reaprendizaje

> *Somos lo que hacemos día a día.*
> *De modo que la excelencia no es un*
> *acto, sino un hábito.*
> Aristóteles

Esta mirada sobre lo consciente y lo inconsciente nos alumbra otras áreas de análisis a tener en cuenta en todo proceso de aprendizaje y cambio. Así como afirmamos que nuestro mayor nivel de efectividad lo logramos cuando llegamos al estadio de la "competencia inconsciente", también indicamos que esto puede constituir un arma de doble filo.

Cuando alcanzamos ese nivel de aprendizaje y lo implementamos en forma automática, decimos que hemos adquirido un "hábito". Pero un hábito no es solo cómo nos cepillamos los dientes o cuál es nuestra rutina para prepararnos el desayuno: existen hábitos que son mucho más trascendentes en nuestra vida, tanto en el ámbito personal como en el laboral. Un hábito es el tipo de comunicación que establecemos con nuestros colegas, es la forma en que escuchamos a nuestros colaboradores, es la manera en que construimos la relación con nuestros clientes, es el modo en que nos relacionamos con nuestro equipo de trabajo, cómo encaramos las dificultades o cómo solucionamos los eventuales conflictos.

Cuando actuamos en forma "habitual", todas estas acciones las realizamos sin prestarles mayor atención. Tenemos un estilo que hemos internalizado (*competencia inconsciente*) y esto nos indica lo que tenemos que hacer ante cada circunstancia. Estos hábitos ejercen una gran influencia en nuestro accionar ya que son comportamientos que realizamos en forma inconsciente.

Podemos decir que poseemos nuestros hábitos, pero también que nuestros hábitos nos poseen a nosotros. Gran parte de los comportamientos y conductas que desplegamos a diario están basados en hábitos profundamente arraigados que se constituyen como parte de nuestra particular forma de ser (o *estar siendo*) y, por lo tanto, no los revisamos ni los analizamos, simplemente los actuamos. Stephen Covey[52] afirma que "Los hábitos son factores poderosos en nuestras vidas. Dado que se trata de pautas consistentes, a menudo inconscientes, que de modo constante y cotidiano expresan nuestro carácter y generan nuestra efectividad... o inefectividad".

Cuando operamos desde este nivel de efectividad e inconsciencia decimos que "actuamos en transparencia", ya que nuestro accionar resulta invisible a nuestra observación. El problema puede surgir cuando cambian las condiciones y reiteramos nuestros comportamientos automáticos. Al respecto, Claude Levy-Leboyer[53] sostiene: "Esta *rutinización* constituye efectivamente una economía de recursos psicológicos, pero resulta peligrosa si un cambio importante de la situación obliga a romper la rutina adquirida".

Es por esto que planteamos que nuestros hábitos pueden constituir un arma de doble filo. Dado su nivel de inconsciencia, cuando se transforman en un accionar inefectivo generalmente no nos damos cuenta o negamos que algo que siempre hemos realizado de una determinada manera hoy sea el motivo de nuestras dificultades (*ceguera cognitiva*).

---

52 Covey, Stephen: *Los siete hábitos de la gente altamente efectiva.* Paidós, Buenos Aires, 1989.

53 Levy-Leboyer, Claude: *Gestión de las competencias.* Gestión 2000, Barcelona, 1997.

Chris Argyris[54] sostiene: "Si la incompetencia se debe a acciones competentes, entonces tenemos una pista de por qué los seres humanos a menudo no son conscientes de que actúan de forma contraproducente. Es precisamente la conducta competente la causa de la incompetencia. Cuando somos competentes en algo, actuamos de forma automática y espontánea. Nuestras conductas se dan por sentadas y no prestamos demasiada atención a nuestras acciones porque las producimos en fracciones de segundos. Así pues, el precio de actuar competentemente es la inconsciencia".

En estos casos las preguntas que surgen son: ¿cómo cambiar un comportamiento habitual cuando se transforma en disfuncional?, ¿cómo desarmar esa competencia arraigada en nuestro inconsciente y legitimada por su accionar efectivo en innumerables oportunidades?, ¿cómo emerger de los profundos surcos de nuestros hábitos inconscientes? Modificar estos hábitos no es una tarea sencilla. Implica realizar dos movimientos de aprendizaje simultáneos: *desaprender* y *reaprender*.

El proceso de reaprendizaje

CAMBIO DE HÁBITO

1. Incompetencia consciente
2. Incompetenciaconsciente
3. Competencia consciente
4. Competencia inconsciente

• *Desaprender*: es ir del 4 al 2
• *Reaprender*: es ir del 2 al 4

---

54 Argyris, Chris: *Cómo vencer las barreras organizativas.* Díaz de Santos, Madrid, 1993.

Desaprender implica que al tomar conciencia de que un determinado hábito nos es disfuncional, tenemos la posibilidad de decidir cambiarlo o transformarlo. Para esto debemos declarar el inicio del proceso de *reaprendizaje*. Desaprender un comportamiento que realizamos cotidianamente implica una ruptura de nuestro accionar habitual, supone volver a situarnos en la incompetencia consciente, declararnos aprendices y emprender el reaprendizaje que nos posibilite producir un cambio de conducta a los efectos de recuperar nuestro accionar efectivo.

En cierta ocasión, al finalizar el dictado de un curso de Negociación, un ejecutivo de una importante empresa, al que llamaremos Julio, planteó que a partir de los elementos conceptuales y de las prácticas que habíamos realizado a lo largo del curso, había podido autodiagnosticarse un área de incompetencia que todavía no sabía cómo resolver. Comentó que gran parte de su trayectoria laboral la había realizado en una cadena de hipermercados donde su tarea consistía en la negociación con los proveedores. Allí había aprendido y desarrollado un estilo de negociación duro, altamente competitivo y de confrontación. Había incorporado ese estilo y lo implementaba con excelencia.

La empresa en la que trabajaba desde hacía un año quiso instalar ese estilo de negociación con los proveedores y a tal efecto lo contrataron a él en una posición gerencial. Según su relato había conseguido resultados exitosos en las metas establecidas, pero también había tenido un importante nivel de conflicto con sus colegas. Hasta ese momento él atribuía esas situaciones problemáticas a posibles celos y disputas a nivel del grupo gerencial. De lo que se dio cuenta en el curso, fundamentalmente a través de los ejercicios realizados con otros participantes, es que gran parte de los conflictos se debían a que él trasladaba su estilo altamente confrontativo a la interacción con sus compañeros de trabajo.

Lo que estaba planteando Julio era que su competencia inconsciente, su hábito de negociación, le estaba causando un alto nivel de inefectividad en un dominio particular, que era la relación con sus colegas. Parafraseando a Argyris, estaba siendo *competentemente incompetente.*

Su ceguera cognitiva le había impedido ver lo que él generaba en sus compañeros de trabajo con su estilo de negociación confrontativo. Lo importante en esta situación era que Julio, al "darse cuenta", se declaraba aprendiz en este aspecto específico.

Lo que le propuse a Julio fue que a partir de ese momento y por un lapso determinado estuviese atento cada vez que se planteaba alguna situación de negociación con un compañero de trabajo. Que cuando esto ocurriese pensara cómo lo resolvería de acuerdo con el hábito que tenía adquirido y una vez que hubiese tomado conciencia de esto, que analizara cuáles eran las otras posibles alternativas de acuerdo con las herramientas y al marco conceptual que habíamos desarrollado en el curso. Es decir, que no actuara en transparencia, que no accionara en forma automática hasta que no evaluara que efectivamente había realizado su *reaprendizaje* e incorporado una nueva competencia para negociar en el seno de la organización.

El modelo de aprendizaje del accionar humano

*Las organizaciones que aprenden serán las
empresas sobrevivientes de mañana,
y los líderes de esas organizaciones serán los
más adeptos a ayudar a aprender a otros.*
Chip Bell

Existen distintos niveles de profundidad y complejidad con los que se pueden producir procesos de aprendizaje y cambio.

Los individuos realizamos acciones en pos de nuestros objetivos. Cuando estas acciones producen los resultados propuestos, esto nos hace reafirmar la efectividad de nuestro accionar y reforzamos el comportamiento utilizado. De esta manera refrendamos la eficacia de nuestra conducta y convalidamos nuestro saber actuar. Obviamente, frente al mismo tipo de circunstancia repetiremos la acción aprendida, y mientras siga brindándonos los resultados requeridos continuaremos utilizando el mismo comportamiento.

Niveles de aprendizaje del accionar humano[55]

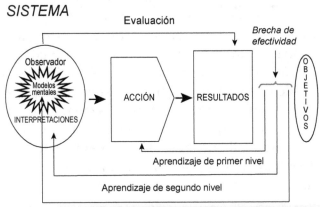

Habrá otras oportunidades en las que evaluaremos que nuestras acciones no producen los resultados esperados o solo lo hacen parcialmente. Puede suceder que acciones que nos dieron excelente resultado en otro período de nuestra vida o en ámbitos o circunstancias diferentes, en este momento no produzcan la misma respuesta. En este caso, si la persona persiste en lograr sus objetivos, después

55 Adaptado de Argyris, Chris: *Conocimiento para la acción*, Ediciones Granica, Buenos Aires, 1999; y de Echeverría, Rafael: *Sobre el coaching ontológico. Op. cit.*

de verificar la inutilidad de repetir la conducta habitual reflexionará acerca de qué otro tipo de acciones podrá realizar para alcanzar los resultados deseados. El proceso de aprendizaje siempre se inicia cuando verificamos una "brecha de efectividad" entre lo que queremos conseguir (objetivos) y lo que estamos pudiendo obtener (resultados).

Hay veces que conseguiremos cerrar la brecha de efectividad simplemente eligiendo una acción diferente. La primera instancia del aprendizaje consiste en probar entre un menú de diversas acciones posibles hasta encontrar aquella con la que logramos el resultado esperado. Cuando la persona realiza la nueva acción y obtiene su objetivo decimos que se produjo un *aprendizaje de primer nivel*.

Hay otras oportunidades en las cuales, por más que ejecutemos el menú de acciones conocidas, no podremos cerrar la brecha tan fácilmente. En estos casos tendremos que rever cómo estamos observando la situación. Deberemos traer a la superficie y analizar nuestra estructura interpretativa, es decir, cuáles son los juicios con los que le estamos asignando sentido a la situación problemática. De esta manera podremos examinar la forma en que estamos dilucidando los hechos, cómo consideramos el contexto, cómo estamos juzgando y valorando a las personas involucradas y cómo lo hacemos con nosotros mismos. Supone aceptar que la forma en que observamos y analizamos el problema... es parte del problema.

El *aprendizaje de segundo nivel* se inicia con la posibilidad de ver la situación desde una óptica diferente. Modificar nuestra observación puede implicar variar nuestra interpretación, incorporar otros hechos o elementos que no habíamos considerado, revisar nuestras opiniones o valorar de una manera diferente alguna circunstancia. Lo sorprendente es que cuando logramos mirar desde otra perspectiva se amplía nuestra capacidad de acción y podemos evaluar la alternativa de efectuar conductas que antes no se nos hu-

bieran ocurrido, ya que estaban fuera de nuestros parámetros de consideración.

Sucede en ocasiones que este nivel de aprendizaje
tampoco produce los resultados esperados y es en estos casos que nos resulta necesario involucrarnos con aspectos
más profundos de nuestra persona. Implica poner en cuestión los componentes de nuestros modelos mentales que
condicionan la construcción de nuestras interpretaciones.
Pueden ser "juicios maestros", creencias profundamente
arraigadas o valores que modelan de una manera particular nuestra estructura interpretativa y que condicionan la
forma en que hacemos sentido de las cosas habitualmente.

Realizar algún cambio en este nivel no es una tarea
sencilla, generalmente requiere un proceso arduo ya que
se debe modificar el cimiento en el cual se asienta nuestra
estructura cognitiva emocional. A este *aprendizaje de tercer nivel,* que involucra el cambio de aspectos profundos de nuestra persona y conlleva la evolución de nuestra particular
forma de ser, lo denominamos *aprendizaje transformacional.*

*Las dificultades y los obstáculos arrojan al hombre
de vuelta hacia sí mismo.
Pero mientras el hombre común busca la culpa afuera,
es decir, en otros hombres, y acusa al destino,
el noble busca la falla en sí mismo y en virtud de este
ensimismamiento el impedimento externo se transforma
para él en motivo de formación y enriquecimiento interior.*

I-Ching

CAPÍTULO 13

Cuarta competencia:
competencias conversacionales

El componente conversacional del liderazgo

*Nuestro lenguaje forma nuestras
vidas y hechiza nuestro pensamiento.*
Albert Einstein

Las creencias que provienen del modo tradicional de hacer empresa hacen que generalmente no se valorice en su justa dimensión la importancia que tiene la comunicación interpersonal en la gestión organizacional. La resignificación y revalorización del lenguaje y las conversaciones con relación a su vínculo con el accionar humano, es una de las claves que nos permiten encarar la problemática del trabajo del conocimiento.

La mayoría de las acciones que realizamos en nuestro desempeño laboral poseen un importante componente conversacional; es decir que trabajamos y realizamos nuestras tareas hablando y conversando con otros. No es que además de trabajar conversamos, sino que trabajamos y accionamos a través de nuestras conversaciones. Al conversar estamos accionando, generando una realidad diferente, creando un mundo de posibilidades y de sentidos que antes de esa conversación era inexistente.

Si reflexionamos acerca de los comportamientos del líder-coach que hemos descripto anteriormente, podremos comprobar que todos se llevan a cabo conversando con otros. A través de las conversaciones se construye una Visión Compartida, se le da sentido al trabajo realizado, se establecen y acuerdan los objetivos, se evalúan los resultados, se coordinan acciones, se les brinda feedback a los colaboradores, se facilitan los procesos de aprendizaje y cambio, se genera un estado anímico grupal... y tantas otras acciones. Es por esto que sostenemos que *la competencia conversacional es una de las herramientas fundamentales del liderazgo.*

El carácter generativo de las conversaciones

> *La conversación es el proceso básico*
> *y esencial que desde siempre ha*
> *cohesionado a los seres humanos.*
> Peter Senge

Nuestras conversaciones poseen un profundo "carácter generativo", ya que a través de ellas generamos nuevas realidades y hacemos que ciertas cosas sucedan. Es este carácter el que nos induce a considerar la comunicación interpersonal como acción y no como una mera transmisión de información.

Cuando afirmamos que accionamos a través del poder transformador de las conversaciones nos referimos a que cuando hablamos suceden cosas y cuando callamos suceden otras. Cuando hablamos y decimos una cosa sucede algo determinado, y cuando decimos otra, pasa algo distinto. Hay situaciones que no habrían sucedido si no hubiésemos establecido una conversación con otra persona. La mayoría de las acciones fundamentales de la vida las realizamos a través de nuestras conversaciones.

Por medio de las conversaciones actuamos e interactuamos: establecemos relaciones, coordinamos acciones, construimos vínculos y acordamos compromisos. Todos los seres humanos interactuamos en redes conversacionales. Lo que nos es posible o dificultoso realizar depende en gran medida de la extensión y la característica de nuestra red de relaciones. Nuestras conversaciones determinan la calidad de nuestros vínculos y por lo tanto comprometen nuestra efectividad.

También a través de nuestras conversaciones creamos nuevos sucesos y generamos futuros diferentes. Convocamos para un nuevo proyecto, planteamos nuevas ideas, acordamos un propósito, coordinamos nuestro accionar, resolvemos nuestros conflictos... y todo esto lo hacemos conversando con otros. Nuestras conversaciones condicionan nuestro horizonte de posibilidades.

Y aún más, a través de nuestras conversaciones y nuestras narrativas creamos nuevos sentidos y modelamos la percepción de otras personas. Cuando planteamos una interpretación diferente o desarrollamos una nueva teoría, cuando contamos una historia, acuñamos una metáfora, capacitamos a nuestro equipo, en todos los casos estamos utilizando el carácter transformador de la palabra para incidir en la forma de percibir la realidad.

A través de nuestras conversaciones explicitamos nuestros puntos de vista y la forma de observar el mundo que nos rodea. Elaboramos interpretaciones, generamos nuevas explicaciones e influimos en las opiniones, decisiones y comportamientos de los demás. Muchas veces después de alguna conversación nuestra vida cambia, nos transformamos aunque sea imperceptiblemente.

Si habitamos en el lenguaje, si aprendemos y nos transformamos a través de la palabra, si accionamos por medio de nuestras conversaciones y estas no solamente condicionan nuestras posibilidades y determinan la efectividad de nuestro desempeño, sino que nos constituyen en el ser que somos, cabría preguntarse acerca de la competencia de nuestro conversar, es decir, con cuánta destreza y eficacia efectuamos nuestras conversaciones.

La competencia en el arte de conversar

El desarrollo del lenguaje ha sido como
el descubrimiento del fuego...
una increíble fuerza primordial.
A través del lenguaje creamos el mundo.
Joseph Jaworsky

Al advertir la dimensión que adquieren nuestras conversaciones y la manera en que influyen en la acción del liderazgo, surge con claridad la importancia vital de desarrollar la competencia en el arte de conversar.

Cada conversación es un hecho único. Es el encuentro y el intercambio entre dos o más individuos. En toda conversación se establece una danza entre el hablar y el escuchar, y el escuchar y el hablar: un ida y vuelta incesante de palabras y emociones. Es en las conversaciones donde emerge, como en pocas instancias, la profundidad y complejidad del ser humano y su despliegue en la dinámica relacional.

Mientras conversamos realizamos en forma secuencial o simultánea un conjunto de acciones: hablamos (exponemos o indagamos), escuchamos, observamos, intercambiamos nuestra emocionalidad y asignamos sentido tanto al lenguaje verbal como al no verbal de nuestro interlocutor. En función de estas acciones proponemos que el arte de conversar con efectividad está en estrecha relación con el desarrollo de cinco *competencias conversacionales:*

1. Hablar con poder.
2. Escuchar en profundidad.
3. Indagar con maestría.

4. Entrar en sintonía.

5. Conversar en forma constructiva.

Haremos a continuación solo una breve descripción de cada una de ellas, ya que, como señalamos anteriormente, fueron desarrolladas con amplitud en trabajos anteriores[56].

Hablar con poder

> *Le tengo rabia al silencio*
> *por lo mucho que perdí,*
> *que no se quede callado*
> *quien quiera vivir feliz.*
> Atahualpa Yupanqui

El *hablar con poder* está relacionado con advertir que todo hablar es un actuar. Pero lo realmente revelador y sorprendente es que cuando reflexionamos acerca de qué tipo de acciones realizamos cuando hablamos, llegamos a la conclusión de que podemos detectar un conjunto específico y limitado de acciones que se repiten en todo idioma que se utilice en cualquier parte del planeta.

Podemos identificar seis acciones universales realizadas en el lenguaje que llamaremos "actos lingüísticos":

- Afirmaciones
- Juicios
- Declaraciones
- Pedidos
- Ofrecimientos
- Compromisos

Cada una de estas acciones que ejecutamos mediante el lenguaje cumple un rol específico en nuestras conversaciones.

---

56   Anzorena, Oscar: *El arte de comunicarnos.* Lea, Buenos Aires, 2012.

Las tres últimas están vinculadas a la coordinación de acciones y las desarrollaremos con amplitud en el próximo capítulo.

Las "afirmaciones" son aquellos actos lingüísticos en los que describimos el mundo que podemos observar. Cuando realizamos una afirmación damos cuenta de lo que acontece, nos referimos a algo que precede a la palabra. La importancia de las afirmaciones surge del hecho de que solo podemos intervenir y transformar el mundo que somos capaces de observar. En este sentido, las afirmaciones se vinculan con el ámbito de la información.

Permanentemente seleccionamos información, y lo hacemos en función nuestros criterios de importancia y relevancia. Es significativo destacar que toda afirmación enunciada en una conversación implica una opinión de relevancia. Cuando distintas personas realizan diferentes afirmaciones sobre una misma situación, no solo brindan información sobre distintos aspectos de dicha situación, sino también sobre sus criterios de relevancia. Observando las afirmaciones de las personas podremos saber qué temas o aspectos consideran importantes, en dónde focalizan la atención y cuáles son sus intereses y su orden de prioridades.

Esto surge con claridad en reuniones de equipos gerenciales o entre integrantes de distintas áreas de una empresa, en donde cada cual enfoca la situación desde su ámbito de incumbencia. Así, por ejemplo, la persona del área de producción informa sobre el stock o sobre la capacidad de producción en un tiempo determinado; el de comercialización informa acerca de la tendencia de consumo de los clientes, y el de finanzas sobre las posibilidades económicas de realizar determinada inversión. Entender y respetar por qué cada cual le asigna mayor o menor importancia a un determinado tipo de información es un tema que se torna central en el trabajo en equipo en cualquier ámbito organizacional.

Un "juicio" es una interpretación, una valoración que expresa la perspectiva de la persona sobre su experiencia.

Cuando formulamos un juicio estamos emitiendo una opinión, declarando nuestra "posición" con respecto a determinado evento o situación. Son estas opiniones –que expresan nuestros gustos, preferencias, valores, parámetros de evaluación y hasta nuestras convicciones más profundas– las que determinan nuestro rumbo de acción.

La importancia de los juicios reside en la interpretación que proveen. En cada toma de decisión se ponen en funcionamiento, de forma explícita o implícita, un conjunto de juicios. Estos constituyen el basamento sobre el que los seres humanos decidimos nuestras acciones. Si considero que va a subir la demanda, aumento la producción; si evalúo que me merezco un aumento de sueldo, lo reclamo; y si opino que un proveedor me merece confianza, contrato sus servicios.

Los juicios tienen una enorme incidencia en nuestra capacidad de acción ya que conforman el fundamento para la toma de decisiones. A partir de la evaluación de la información, de la ponderación de los datos, de la interpretación de la situación resolvemos un curso de acción u otro. Por lo tanto, del tipo de juicios que hagamos se desprende la efectividad de nuestro accionar.

La importancia de esta distinción entre afirmaciones y juicios surge con claridad cuando observamos que muchas veces se expresan opiniones como si fuesen descripciones de la realidad, desconociendo que los juicios son interpretaciones y no etiquetas descriptivas; que no refieren sino que califican de una manera particular de acuerdo con el tipo de observador que somos. Esta incompetencia conversacional que implica utilizar los juicios como si fuesen afirmaciones es uno de los principales problemas en la comunicación interpersonal y una de las causas de los malentendidos, confrontaciones y deterioros en nuestras relaciones, tanto a nivel personal como laboral.

Cuando se expresan las interpretaciones como si fuesen verdades absolutas se obstruye la posibilidad de interactuar con efectividad y respeto mutuo. Las personas se sienten agredidas cuando los juicios del otro son formulados como descripciones indiscutibles en vez de particulares puntos de vista.

El primer aspecto a tener en cuenta es que los juicios son "propiedad" de quien los emite, y que cuando los formulamos como si fuesen descripciones, estamos omitiendo esta cualidad. Es decir, estamos escondiendo nuestra persona, estamos encubriendo al emisor de la opinión. Cuando expresamos "es lindo", en realidad estamos diciendo "me gusta"; cuando decimos "es una tarea difícil", estamos señalando que "considero que me va a costar mucho trabajo", o cuando el jefe expresa "el informe está mal hecho", está queriendo decir "el informe no me satisface".

La forma correcta de expresar nuestro punto de vista sin pretender que estamos describiendo una realidad objetiva, ni queriendo imponerle nuestra "verdad" al otro, es manifestar nuestras opiniones desde la *primera persona*. Cuando decimos "yo pienso que", "opino que", "considero que", "evalúo que"… nos responsabilizamos de nuestras propias interpretaciones y respetamos la posibilidad de que el otro disienta con ellas.

Las "declaraciones" son los actos lingüísticos que utilizamos para construir algo nuevo, una realidad que antes de la declaración no tenía existencia. Son nuestras declaraciones y nuestro accionar comprometido con ellas los que van forjando nuestro futuro y nos van constituyendo en el ser que somos. Después de una declaración algo cambia, se genera una nueva realidad. Para que una declaración ponga en marcha un proceso de cambio tiene que existir un actuar firme y consistente con lo declarado.

Así como cada uno de estos actos lingüísticos se caracteriza por cumplir un rol específico en el contexto conversacional, también cada uno de ellos lleva implícito un "compromiso social". Cuando realizamos una afirmación contraemos el compromiso con la veracidad de lo enunciado y con la posibilidad de suministrar evidencias que sustenten debidamente lo que decimos. Cuando formulamos un juicio nos comprometemos con hacernos cargo de nuestra opinión y con la necesidad de fundamentar debidamente el punto de vista expuesto. Toda declaración lleva implícito el compromiso de proceder en consecuencia, la promesa que vamos a sostener desde la acción lo que declaramos desde la palabra. El cumplimiento de este compromiso hace a nuestra integridad como personas.

Escuchar en profundidad

> *Se necesita coraje para pararse*
> *y hablar, pero mucho más para*
> *sentarse y escuchar.*
> Winston Churchill

La escucha es una de las herramientas más poderosas e imprescindibles en el desempeño del liderazgo. Generalmente se piensa que es más importante el hablar, ya que parece ser el lado activo de la comunicación, mientras que al escuchar se le suele considerar como pasivo.

El primer paso para abordar este tema es separar el fenómeno del hablar del fenómeno del escuchar. Entender que el hablar no garantiza el escuchar, ya que son dos acciones diferentes e independientes que no poseen un indefectible nexo causal. Que cuando hablamos vamos del significado a las palabras, y cuando escuchamos vamos de las palabras al significado; y no siempre hay coincidencia entre estos significados. Es decir, cuando hablamos buscamos palabras y construcciones lingüísticas que expresen los significados y conceptos que pretendemos transmitir, y cuando escuchamos buscamos significados que nos permitan interpretar y comprender las palabras y frases que oímos. Es por esto que siempre existe la posibilidad de que haya una "brecha crítica" entre el hablar y el escuchar.

Para explicar el carácter activo de la escucha debemos hacer una distinción entre el oír y el escuchar. El oír constituye el aspecto biológico del fenómeno del escuchar. El escuchar lleva implícito el oír, pero es algo mucho más complejo que el mero proceso físico de la audición. El escuchar conlleva un proceso cognitivo y emocional que integra una serie de datos en búsqueda de sentido e interpretación. En la conversación entre las personas, en esa danza entre el hablar y el escuchar y el escuchar y el hablar, se ponen en funcionamiento un conjunto de factores y un profundo y complejo proceso de construcción y asignación de sentidos.

Toda acción de escuchar presupone una activa tarea interpretativa, implica asignarle un significado a lo que oímos y a lo que vemos. Y esto es así porque cuando participamos de una conversación no solo escuchamos lo que nos dicen (las palabras, el lenguaje verbal) sino que también escuchamos cómo nos lo dicen, es decir, "escuchamos" el lenguaje no verbal. La observación de la corporalidad (posición corporal, movimientos, gestos, mímica facial, el brillo y la profundidad de la mirada) y la escucha del nivel paralingüístico (tono, volumen, velocidad, énfasis de la voz y silencios) constituyen componentes esenciales del intercambio conversacional e inciden fuertemente en las interpretaciones que realizamos. Es por esto que en la acción de la escucha la asignación de sentido es el resultado de la interpretación que le otorgamos a todo aquello que vemos y oímos.

ESCUCHAR = OÍR y VER + ASIGNAR SENTIDO

Este abordaje conceptual nos posibilita advertir que el resultado del proceso de la comunicación interpersonal no surge solo desde lo que se dice, sino también desde cómo es escuchado. Es la escucha la que le otorga sentido a lo que se dice y la que completa y valida el proceso de la interacción conversacional. De nada vale que alguien diga y reitere algo con un sentido, si el otro lo escucha e interpreta de una manera diferente.

Indagar con maestría

*En todos los asuntos es conveniente
añadir un signo de interrogación sobre
lo que siempre se ha dado por sentado.*
Bertrand Russell

La importancia de indagar con maestría deviene de su doble rol en el contexto conversacional. La indagación es el medio que utilizamos para poder "escuchar mejor", para profundizar en el sentido del discurso de nuestro interlocutor, para obtener más información y para aclarar nuestras dudas acerca de lo que escuchamos. En este caso recurrimos a las preguntas para alentar a que nuestro interlocutor desarrolle un concepto, para obtener información más precisa y de calidad, para poder entender con mayor detalle y profundidad, para verificar nuestra escucha o para chequear un dato.

Pero también la indagación nos permite profundizar en los niveles de análisis, guiando el pensamiento en búsqueda de nuevos sentidos e interpretaciones. Es así como podemos utilizar preguntas que tengan como objetivo reformular o cotejar razonamientos, indagar en los supuestos y creencias implícitas detrás de determinadas posiciones, revisar o desarmar inferencias, explorar diferentes perspectivas y buscar nuevos significados.

Planteado un determinado tema o situación a considerar, de acuerdo con la pregunta que se formule se conduce la atención de las personas hacia uno u otro lado, se enfoca en uno u otro aspecto y se puede orientar el pensamiento y el proceso de razonamiento hacia alguna de las diversas posibilidades. Esto le posibilita al líder-coach conducir los procesos de deliberación y aprendizaje a través de las preguntas, dejando que cada uno vaya encontrando sus propias respuestas.

Las preguntas del líder-coach constituyen un instrumento fundamental en su tarea de facilitar el desarrollo individual y grupal, ya que a través de ellas abre la posibilidad del análisis, la reflexión, la introspección y la búsqueda de nuevas perspectivas en función del compromiso con el logro de los objetivos acordados.

Entrar en sintonía

> *Las palabras son la voz de lo racional*
> *cuyo proceso es posible contener y*
> *dominar. Los gestos son los procesos del*
> *inconsciente casi imposibles*
> *de dominar. Son la voz del alma.*
> Roger Dawson

Entrar en sintonía es un elemento clave para establecer una comunicación de alta calidad. Podemos definir la "sintonía" (*rapport*) como el vínculo que se establece en la conversación de modo tal que se crea un clima de confianza y entendimiento. Cuando entramos en sintonía con alguien tenemos la sensación de estar ligados por una imperceptible melodía que nos guía en la sutil danza de la comunicación. La sintonía se establece entre las personas no tanto por lo que se dice, sino por cómo se dice. Tiene más relación con el proceso que con el contenido de la conversación, y esto corresponde al dominio de lo no verbal.

La sintonía consiste en encontrarse con las personas en su propio modelo del mundo. Cuando alguien está en sintonía con alguien siente que entiende su forma de observar e interpretar las cosas. Esto no significa que esté de acuerdo. Es perfectamente posible estar en sintonía y en desacuerdo con alguien al mismo tiempo. Igualmente, tampoco el acuerdo garantiza sintonía. Se puede estar en conversación con alguien con quien se coincida en su forma de pensar y, sin embargo, el clima de la conversación sea tenso, poco cordial o de desconfianza.

Daniel Goleman[57] sostiene que "Cuando dos personas inician un diálogo, inmediatamente comienzan una danza sutil de armonía rítmica (…) En el grado en que adoptemos el ritmo, la postura y la expresión facial del otro, comenzamos a habitar su espacio emocional; cuando nuestro cuerpo imita al ajeno se inicia la sintonización emocional".

La sintonía también es una vía para establecer una escucha efectiva. Cuando estamos en sintonía con alguien lo escuchamos "con todo el cuerpo". No solo es mucho más fácil prestar atención y concentrarnos en lo que el otro nos dice, sino también acceder a lo que piensa y siente. Y a su vez, cuando escuchamos en sintonía, nuestra comunicación no verbal alienta a nuestro interlocutor y retroalimenta su discurso.

Conversar en forma constructiva

Créeles a aquellos que buscan la
verdad, duda de los que dicen
haberla encontrado.
André Gide

Conversar en forma constructiva implica tomar conciencia de la actitud con la que llevamos a cabo nuestras conver-

---

57 Goleman, Daniel: *La inteligencia emocional en la empresa. Op. cit.*

saciones. Podemos poseer excelencia en nuestra competencia comunicativa y utilizarla para desacreditar a nuestro interlocutor, para imponerle nuestro punto de vista, para "ganar" el debate o para exaltar nuestro ego. Que las conversaciones se desarrollen en forma constructiva depende en gran medida de las creencias y valores que sustentan la forma en que nos vinculamos con el otro.

Cotidianamente podemos observar conversaciones que son verdaderas contiendas verbales. Cuando nos interrogamos acerca de por qué se producen estas interacciones nocivas, la respuesta que nos surge es: porque se discute para ver quién tiene razón. Este tipo de discusión surge como una lógica consecuencia de la concepción de "verdad absoluta". El supuesto implícito es que la verdad es un bien escaso y que si uno la "posee", el otro no la tiene.

Cuando la conversación se transforma en una contienda donde el objetivo es demostrar quién tiene razón, se genera un doble movimiento. Por un lado se argumenta para probarle al otro la "veracidad" de la posición sustentada, y, por otro lado, se desacredita cualquier opinión distinta del otro, señalando su equivocación y tratando de demostrar que desconoce la realidad o que está falseando la verdad. Es una pelea de "suma cero" ya que parte del supuesto de que cuanta más razón uno posea, menos tendrá el otro, y viceversa.

Quien acciona desde este paradigma no solo cree poseer la verdad absoluta, sino que también piensa que debe demostrar fehacientemente lo equivocado que está su "rival". Por lo tanto, en estas conversaciones hay ganadores y perdedores, y las armas a utilizar consisten en esgrimir la propia argumentación, socavar las ideas del "oponente" y hasta desacreditar su persona.

A partir de tomar conciencia del deterioro en los vínculos que genera la interacción a partir de esta concepción de "verdad absoluta", postulamos la posibilidad de actuar desde un enfoque de "observación diversa" que considere las distintas opiniones de las personas, que no descarte ni descalifique la multiplicidad de miradas y puntos de vista sobre un mismo tema, que utilice la pluralidad para enriquecer y potenciar las distintas perspectivas y que asuma la legitimidad de las diferencias.

Desde esta concepción del ser humano y su acceso al conocimiento, la conversación ya no es una contienda para ver quién tiene razón, ni se trata de someter o descalificar al que piensa diferente. A partir de una actitud de respeto al otro y de aceptar la legitimidad de las distintas opiniones, se concibe la conversación como una instancia de intercambio y aprendizaje mutuo, lo que hace factible integrar los diferentes puntos de vista a los efectos de acrecentar conocimientos y posibilidades de acción.

El único modo de realizar un gran trabajo es amar lo que uno hace.
Si no lo han encontrado aún, sigan buscando.
No se conformen.
Y, así como sucede en cualquier gran relación,
mejora más y más a medida que transcurren los años.
Así que sigan buscando hasta que lo encuentren.
No se conformen.

Steve Jobs

CAPÍTULO 14

Quinta competencia: efectividad interpersonal

Accionar en las redes de relaciones

> *Cuanto más alto es el rango, más*
> *interpersonal y humana es la tarea.*
> Warren Bennis

La competencia para coordinar acciones con otros tiene una importante incidencia en el quehacer laboral de cualquier individuo, y adquiere un carácter de trascendencia en el ejercicio del liderazgo.

En toda organización o equipo de trabajo interactuamos con otras personas y nuestros comportamientos coexisten con un alto nivel de interdependencia. La importancia de la eficacia en la interacción interpersonal hace que debamos reflexionar acerca de qué conductas tenemos cuando interactuamos con otras personas, cómo construimos y sustentamos nuestras relaciones y cuán efectivos somos al coordinar nuestras acciones.

La amplitud de las redes de relaciones que establecemos, la habilidad con la que actuamos en esas redes y la consistencia de nuestros vínculos condicionan nuestra capacidad de acción y el logro de los objetivos que se nos plantean, determinan nuestro horizonte de posibilidades e inciden en nuestra calidad de vida. Lo que se pueda hacer y lo que se logre obtener depende de la coordinación de acciones en estas redes de vínculos.

En tal sentido, definimos la "efectividad interpersonal" como la competencia para crear y desarrollar nuestras relaciones, establecer y cumplir compromisos, y generar la confianza necesaria para que sea posible un accionar productivo en esta trama vincular. Partiendo de esta definición surge con claridad la importancia que esta competencia adquiere en el accionar del líder-coach.

El compromiso: un "nudo conversacional"

> *Compromiso es lo que transforma*
> *una promesa en realidad.*
> *Es la palabra que habla con coraje*
> *de nuestras intenciones.*
> Shearson Lehman

Mencionamos anteriormente que siempre que queremos que algo suceda, cuando el propósito de una conversación es concertar la realización de alguna acción en un tiempo futuro, lo que hacemos es acordar un compromiso.

Los compromisos son "nudos conversacionales", y para atarlos necesitamos al menos de dos personas. Una conversación para convenir un compromiso puede iniciarse de dos maneras posibles, con dos actos lingüísticos diferentes: con un *pedido* o con un *ofrecimiento*. No podemos acordar compromisos sin peticiones u ofrecimientos, y ambas son acciones de apertura para la concreción de un compromiso.

A su vez, ni el pedido ni el ofrecimiento garantizan por sí solos la realización del compromiso, ya que constituyen solo uno de los extremos de la soga. Necesitamos del otro extremo para efectuar el nudo. El compromiso se materializa cuando el otro acepta el ofrecimiento o el pedido.

El pedido y el ofrecimiento difieren fundamentalmente en que sitúan en diferentes personas la responsabilidad del cumplimiento de la acción a realizar. Cuando el proceso de acordar un compromiso se inicia con una petición, quien acepta promete realizar la acción solicitada. Si el proceso se inicia con un ofrecimiento, de ser aceptado, el que realizó el ofrecimiento es el que asume el compromiso de ejecutar la acción. El ofrecimiento lleva la promesa implícita de hacer lo que se propone; es decir, si la otra persona acepta el ofrecimiento, en forma automática queda formulada la promesa de realizar la acción ofrecida.

Los pedidos y su posible negociación

> *Muchas veces las cosas no se le dan*
> *al que más las merece, sino*
> *al que sabe pedirlas con insistencia.*
> Arthur Schopenhauer

El pedido es una acción que implica hacerse cargo de algo que uno quiere y no tiene. Los pedidos nacen de una carencia o del deseo de generar una realidad nueva o diferente a la existente. Realizar un pedido supone hacer explícito que aspiramos a lograr u obtener algo con la ayuda o colaboración de otra persona. Quien realiza un pedido solicita a su interlocutor que efectúe determinadas acciones en tiempo y forma, de modo de satisfacer sus propias necesidades y expectativas. El poder del pedido reside en que es la vía de acceso a un posible compromiso a través del cual conseguiremos algo o generaremos una nueva realidad en pos de nuestros objetivos.

Un pedido puede adoptar distintas formas y características dependiendo del vínculo, el contexto situacional y las posibles asimetrías de poder entre las personas que interactúan. Podemos pensar que toda "orden" que realiza quien conduce en un ámbito organizacional es un pedido al cual generalmente quien lo recibe no puede negarse a cumplir.

Quien recibe un pedido tiene cuatro opciones a su disposición: declinar, posponer, contraofertar o aceptar. Analizaremos cada una de ellas. Una posibilidad es decir "no", declinar la petición. Es importante, cuando declinamos cumplir con un pedido, ser claros en nuestra respuesta y, en la medida de lo posible, explicar el motivo o fundamento de esa contestación. Esto permite que quien ha realizado el pedido, a pesar de no haber conseguido su objetivo, se sienta considerado como persona y no se deteriore la relación. Quien pide, siempre sabe que puede obtener un "no" como respuesta; si no existiera esta opción no sería un pedido sino una imposición.

Recibir la explicación de por qué se está rechazando el pedido permite al que lo efectuó evaluar la alternativa de reformular la petición o contraofertar una nueva posibilidad. Por ejemplo, si alguien deniega el pedido de realizar una tarea con el fundamento de que está sobrecargado de trabajo, la otra persona podrá ofrecerle ayuda con su tarea con tal de que luego pueda ejecutar el trabajo encomendado.

Otra opción es *posponer* la respuesta al pedido. Esta variante se da cuando el interlocutor no posee en ese momento los elementos suficientes como para tomar una decisión, o cuando necesita tiempo para evaluar la petición. En ese caso las respuestas posibles son: "te contesto luego", "lo evalúo", "lo pienso". Cuando alguien pospone una decisión con respecto a un pedido, asume el compromiso implícito de contestar asertivamente en un lapso determinado. Quien recibe esta contestación puede pedir precisión en cuanto al tiempo en que la otra persona se compromete a dar respuesta a su petición.

La opción para no cerrar la posibilidad de acordar un compromiso es realizar una *contraoferta* o *contrapropuesta* e iniciar un proceso de *negociación*. Esta contraoferta puede estar referida a producir cambios en las condiciones de satisfacción del pedido, a plantear una contraprestación o a formular alguna condición necesaria para poder satisfacer la solicitud.

En los casos en los que se abre un proceso de negociación es importante tener en cuenta la distinción entre "interés" y "posición". El "interés" es aquello que se necesita resolver o satisfacer a través del pedido, aquello que da cuenta de la preocupación subyacente. La "posición" es el emergente de la preocupación, aquello con lo que la persona considera que va a satisfacer su interés y, por lo tanto, es lo que efectivamente pide.

Al tener clara esta distinción, cuando recibimos un pedido que en principio consideramos denegar, tenemos la posibilidad de indagar a nuestro interlocutor acerca de los motivos que lo llevan a realizar el pedido. En este caso preguntamos para entender cuál es la preocupación o la necesidad de la que se está haciendo cargo la persona, es decir, cuál es el "interés" que desea satisfacer a través de la "posición" que adopta con el pedido. En función de esta información, si nos parece legítimo y posible, podemos considerar otras opciones que pudieran llegar a satisfacer el mutuo interés.

Pensemos en la situación en que una empresa presenta un presupuesto por la prestación de un servicio y el cliente le pide un descuento. La empresa no está dispuesta a realizar el descuento porque su precio es muy competitivo con respecto al mercado y tiene un escaso margen de ganancia. Pero antes de denegar el pedido el representante de la empresa le pregunta al cliente acerca de los motivos por los cuales realiza la petición. Es así que se entera de que el cliente está efectuando una importante inversión y no tiene la posibilidad financiera de afrontar todo el gasto en forma simultánea. A su vez, el representante de la empresa le expresa su interés en prestarle el servicio, pero su imposibilidad de aceptar la rebaja solicitada. Comienzan entre ambos un proceso de negociación con un espíritu de "ganar-ganar", donde en forma conjunta analizan distintas opciones que puedan satisfacer el interés de ambas partes. Por fin acuerdan realizar el servicio en dos etapas y darle facilidades de pago al cliente. De esta manera se realiza el compromiso con nuevas condiciones de satisfacción y con beneficio para ambos.

La emocionalidad del pedir

> *No son las cosas las que preocupan*
> *a los seres humanos, sino sus ideas*
> *acerca de las cosas.*
> Epicteto

Más allá de la mayor o menor formalidad con la que se exprese un pedido, lo importante es que se aclaren y especifiquen las implicancias y características que conlleva, y que la otra persona defina con claridad si asume o no el compromiso de realizar las acciones solicitadas.

Esto puede ser algo muy sencillo de realizar, pero no siempre lo es. Y se debe a que en el pedido muchas veces queda expuesta la carencia de quien solicita. En la petición emerge la necesidad de solucionar o efectuar algo con la asistencia del otro. Por ejemplo, si le pedimos a un colega que nos ayude a realizar una tarea, esto puede implicar nuestro desconocimiento o incapacidad para resolverla en forma autónoma. La admisión de la necesidad de ayuda del otro –que supone todo pedido– puede generar una emocionalidad por la cual muchas personas prefieren no realizar la petición a los efectos de no quedar expuestas.

Hay personas que piensan que si alguien accede a su pedido después puede ejercer algún poder sobre ellas. Es así que escuchamos frases como: "yo no le pido, ya que no me gusta deberle nada a nadie". Por este imaginario de que el pedido genera una deuda personal y que luego el otro puede abusar de este supuesto poder, la persona se abstiene de pedir algo que necesita.

Otra causa que conduce a no efectuar la petición es el temor a que se deniegue el pedido. En este caso la dificultad en el pedir surge de la forma en que se escucha la respuesta del interlocutor, ya que se interpreta la negación al pedido como un rechazo hacia la persona. Fundamentalmente en individuos con baja autoestima, este temor al rechazo puede llevar a que se evite realizar el pedido.

Hay muchas conversaciones internas, diálogos con nosotros mismos llenos de juicios limitantes que bloquean el pedir: "seguro que no tiene tiempo", "debe tener otras cosas más importantes", "no quiero molestarlo con mis problemas", "seguro que me va a decir que no", "no quiero deberle ningún favor", "él se debería dar cuenta de lo que me hace falta"... Lo significativo es tomar conciencia de que si nos quedamos en estas conversaciones de imposibilidad, nuestro mundo se empobrece y nos perdemos la oportunidad de coordinar acciones que generen nuevas realidades.

Muchas veces por este temor a quedar expuestos o a sentir rechazo se realizan "pedidos solapados". Es decir, se efectúan comentarios con la intención de que el otro los escuche como pedidos. Por ejemplo: "qué lindo sería que...", "como me gustaría que...", "está haciendo falta que...". Estos pedidos solapados generalmente devienen en problemas de comunicación y tienen un efecto sumamente negativo cuando los realiza quien lidera. Todo pedido bien formulado debe establecer las acciones que deben ser realizadas y las condiciones en las cuales esas acciones satisfarán el requerimiento.

El ofrecimiento como apertura de posibilidad

Si alguien te ofrece su ayuda y tú la
aceptas, eso es un contrato.
Diana Cooper

Los ofrecimientos llevan en forma implícita la promesa de realizar la acción que se está ofreciendo. Al igual que con los pedidos, los ofrecimientos también pueden ser rehusados, y si esto sucede no se concierta el compromiso. Sin embargo, si son aceptados, automáticamente queda acordado el compromiso y la obligación de su cumplimiento.

Hacemos ofrecimientos en diversos ámbitos y en distintos dominios. No es lo mismo ofrecerle la ayuda a un amigo, que ofrecer un producto en venta, la prestación de un servicio profesional, u ofrecerle a nuestro superior nuestra participación en un nuevo proyecto. Cada situación moviliza una emocionalidad diferente, y puede suceder que alguien que sea muy competente en un dominio no lo sea en otro. Por ejemplo, que alguien que sea un excelente vendedor y ofrezca sus productos o servicios con gran pericia y poder de persuasión, no sea competente para realizar ofrecimientos efectivos en el ámbito personal.

Al igual que ocurre con los pedidos, hay ofrecimientos que nos involucran a nivel personal y nos pueden hacer sentir expuestos. Si vinculamos de antemano la no aceptación del ofrecimiento con el rechazo a nuestra persona es probable que optemos por no realizar el ofrecimiento. En estos casos, por evitar la frustración optamos por quedarnos en la impotencia. Esta actitud de seudoautoprotección nos lleva a permanecer en el aislamiento, a perder la oportunidad de enriquecernos mutuamente con otros y de brindar nuestros servicios a los demás. El poder de nuestros ofrecimientos radica en que solo a través de ellos podemos mostrarnos como una posibilidad para el otro.

Los "seudocompromisos"

Todo vivir humano ocurre en
conversaciones, y es en ese espacio donde
se crea la realidad en que vivimos.
Humberto Maturana

Tanto cuando recibimos un pedido o un ofrecimiento es importante tener claro que no tenemos ninguna obligación de aceptar, sino que poseemos toda la libertad de decir "no". Aun cuando el que realiza la petición sea alguien que posee un nivel jerárquico, razón por la cual no podamos denegarle el pedido, es importante que si consideramos que no estamos en condiciones de efectuar lo solicitado de la forma o en el plazo establecido, lo explicitemos con claridad.

Una de las causas de la inefectividad colectiva son los "seudocompromisos". Muchas veces, ante un pedido, para evitar hacernos cargo de la incomodidad de decir que "no", realizamos una contestación que la otra persona puede escuchar como un compromiso, pero que en realidad no lo es. Por ejemplo, cuando alguien nos pide que realicemos la entrega de un trabajo en un plazo determinado que consideramos de difícil cumplimiento, en vez de expresar con claridad la dificultad y renegociar la fecha de entrega, decimos: "dejame ver qué puedo hacer", "voy a hacer todo lo posible", "voy a realizar mi mejor esfuerzo" o "voy a tratar de hacerlo". Con estas frases eludimos nuestra responsabilidad de contestar asertivamente al pedido. Ni nos comprometemos ni lo denegamos, pero de forma tal que la persona que realizó la petición escucha de parte nuestra una promesa de realización y en función de esto asume a su vez otros compromisos. Estos seudocompromisos generalmente generan inefectividad y deterioro en las relaciones.

Establecer un compromiso efectivo

Los seres humanos son animales
que hacen promesas.
Friedrich Nietzsche

Cuando concertamos un compromiso es fundamental que nos pongamos de acuerdo en las especificaciones y en las condiciones que ambas partes consideran adecuadas y pertinentes para llevarlo a cabo. Para esto es necesario cotejar las expectativas a satisfacer y los estándares a través de los cuales será evaluado el cumplimiento de las acciones comprometidas.

En el momento de acordar el compromiso los interlocutores construyen una imagen del futuro basada en el acuerdo. En el momento de valorar el cumplimiento, ambos verifican la similitud de esa imagen con la realidad presente. Las características y atributos de esa imagen son los que establecen los parámetros de evaluación del compromiso. Las especificaciones por las cuales quien realiza el pedido va a evaluar la acción realizada las denominamos "condiciones de satisfacción".

Uno de los factores que ocasionan malentendidos y falta de efectividad en la coordinación de acciones es el referido a la deficiente especificación de las condiciones de satisfacción. Esto genera que las personas involucradas tengan distintas expectativas con respecto al resultado a obtener. Muchas veces requerimos algo "en forma urgente", "con excelencia", "de manera sencilla", "sin mayores detalles" y creemos que el otro interpreta lo mismo que nosotros por estos enunciados. Estas definiciones no describen algo tangible ni dan cuenta de los estándares con los que vamos a evaluar la acción realizada. Si tomamos conciencia de esto debemos asumir la responsabilidad de explicitar las características requeridas y aclarar de manera específica las condiciones que satisfarán nuestro pedido. Esto es de fundamental importancia cuando se coordinan acciones en un equipo de trabajo o entre diferentes áreas de una organización para la realización de un proyecto conjunto o para la elaboración de un producto o servicio en común.

Esta responsabilidad también abarca a quien acepta el pedido y efectúa la promesa de su realización, ya que cuando asumimos un compromiso le estamos diciendo a la otra persona –en forma implícita o explícita– que somos capaces de cumplir sus condiciones de satisfacción. Por lo tanto, quien acepta el pedido debe entender las condiciones requeridas y, en caso contrario, debe solicitar las aclaraciones correspondientes.

Es importante que, cuando se formulen estas condiciones, sean descriptas de manera tal que suministren la información necesaria para que el que se está comprometiendo a realizar la acción sepa específicamente a qué atenerse. Es así que cuando requerimos el presupuesto "en forma urgente" debemos aclarar que nos referimos al "día jueves a las once horas", y si lo queremos "sin mayores detalles" debemos precisar que "las especificaciones de la obra deben entregarse en un anexo aparte".

En ocasiones el no cumplimiento de una condición afecta parcialmente la satisfacción del compromiso, pero también puede suceder que la no observancia de una condición signifique que se considere no efectuado el compromiso. Por ejemplo, si el encargado de la elaboración del presupuesto no coloca las especificaciones en un anexo, puede perjudicar la calidad de la presentación y dificultar su lectura, pero si la apertura de la licitación es el jueves a las once horas y el documento es entregado una hora tarde, no se habrá cumplido con el compromiso y probablemente se haya malogrado el trabajo realizado por todo el equipo.

El trasfondo de confianza

*Confianza es el sentimiento de poder
creer a una persona, incluso cuando
sabemos que mentiríamos en su lugar.*
Henry-Louis Mencken

La emocionalidad de la confianza es el elemento imprescindible para que las interacciones en la red de vínculos puedan desarrollarse en forma efectiva. La confianza está profundamente relacionada con los compromisos. Confianza y compromisos son dos caras de una misma moneda que se realimentan mutuamente. Cuando sentimos confianza hacia una persona tenemos la convicción de que va a cumplir con los compromisos asumidos y eso nos da tranquilidad, nos provee de una sensación de seguridad y una expectativa positiva del futuro.

La confianza implica un juicio evaluativo. Cuando confiamos en alguien estamos experimentando en forma implícita que tenemos el juicio de que esa persona va a honrar sus compromisos. A su vez, cuando alguien cumple con un compromiso refuerza nuestro juicio acerca de la confiabilidad que nos merece. Por medio de la mutua observancia y cumplimiento de los compromisos asumidos se va construyendo una relación de confianza.

La confianza es la emocionalidad necesaria para coordinar acciones entre las personas, y es por esto que Warren Bennis[58] sostiene que "La confianza es el lubricante que hace posible que la organización funcione". La confianza surge en los equipos de trabajo cuando se logra generar una cultura de impecabilidad en el cumplimiento de los compromisos.

---

58 Bennis, Warren y Nanus, Burt: *Líderes. Estrategias para un liderazgo eficaz. Op. cit.*

El ciclo de coordinación de acciones

> *El lenguaje fue la primera tecnología,*
> *pero como otras, no comprendida*
> *plenamente. Las personas pensaron que*
> *era meramente una herramienta para*
> *describir el mundo y no sabían que era*
> *una herramienta para crearlo.*
> Walter Anderson

El ciclo de coordinación de acciones comprende dos procesos: el de acordar el compromiso y el de cumplir con él. El primer proceso se completa con la declaración de aceptación del pedido o el ofrecimiento. En el segundo, el cumplimiento del compromiso se consuma cuando el que ha recibido la promesa declara cumplidas las condiciones de satisfacción, poniendo de esta forma el broche de cierre a la coordinación de acciones.

Etapas de la coordinación de acciones[59]

59 Adaptado de Flores, Fernando: *Creando organizaciones para el futuro,* Dolmen/ Granica, Buenos Aires, 1994.

El gráfico esquematiza el ciclo completo de la coordinación de acciones. El primer proceso, de *acordar el compromiso*, corresponde a la mitad superior del círculo. El segundo proceso, de *realizar el compromiso*, corresponde a su mitad inferior. A su vez, la mitad izquierda incumbe a acciones realizadas por el "cliente" o quien formula el pedido, y la mitad derecha atañe a acciones efectuadas por el "realizador", es decir, por quien acepta el pedido y cumple el compromiso. En la etapa de negociación, ambos interactúan en forma activa.

El ciclo se inicia en el cuadrante izquierdo superior con la etapa de *preparación* y continúa en el cuadrante superior derecho con la etapa de *negociación* de las condiciones de satisfacción. Este primer proceso concluye cuando el "realizador" efectúa una *declaración de aceptación* del pedido y la consecuente promesa de la ejecución de la acción acordada. En el caso de que el pedido sea declinado, no se establece compromiso y, por lo tanto, ahí finaliza la coordinación de acciones.

Si se acuerda el compromiso, el ciclo continúa en el cuadrante inferior derecho con la etapa de la *realización*. Cuando el "realizador" considera que ha finalizado la ejecución de la acción a la que se ha comprometido, realiza una *declaración de cumplimiento*. El proceso continúa en el cuadrante inferior izquierdo, con la etapa de *evaluación* de la ejecución. Y concluye cuando el cliente o receptor de la promesa evalúa lo obtenido en relación con las condiciones de satisfacción establecidas y realiza una *declaración de satisfacción*, con la que finaliza el ciclo de coordinación de acciones. En caso de que no esté conforme con el cumplimiento del compromiso puede efectuar un *reclamo*. En el centro del círculo está destacada la confianza como el elemento esencial que incide en todo el proceso de coordinación de acciones.

Un hombre del pueblo de Neguá, en la costa de Colombia,
pudo subir al alto cielo. A la vuelta, contó.
Dijo que había contemplado desde allá arriba
la vida humana.
Y dijo que somos un mar de fueguitos.
El mundo es eso –reveló–. Un montón de gente, un mar
de fueguitos.
Cada persona brilla con luz propia entre todas las demás.
No hay dos fuegos iguales. Hay fuegos grandes, fuegos
chicos y fuegos de todos los colores.
Hay gente de fuego sereno que ni se entera del viento
y gente de fuego loco que llena el aire de chispas.
Algunos fuegos, fuegos bobos, no alumbran ni queman;
pero otros arden la vida con tantas ganas que no se puede
mirarlos sin parpadear y quien se acerca se enciende.

Eduardo Galeano

Decálogo del antiliderazgo

1. Piense que usted es jefe porque sabe más que cualquier integrante de su equipo.
2. No cambie de idea, no se deje convencer.
3. Dígale a su jefe que todo anda bien y a su gente que todo anda mal.
4. Cuando haya un error busque un culpable. Si el error es suyo, manténgalo oculto.
5. No dé toda la información ni deje que cualquiera opine.
6. Sea complaciente con sus jefes y desconsiderado con sus empleados.
7. Sea enérgico para hablar, pero no para escuchar.
8. Divida para reinar.
9. Mantenga distancia con su gente y recuérdeles quién manda.
10. Relativice los méritos de su equipo para que no pidan aumento.

Bibliografía

Anzorena, Oscar: *Maestría Personal - El camino del liderazgo*. Ediciones Lea, Buenos Aires 2008.

——: *El arte de comunicarnos*. Ediciones Lea, Buenos Aires, 2012.

——: *Teoría y práctica del Coaching Ontológico Profesional*. Ediciones Lea, Buenos Aires, 2016.

Argyris, Chris: *Cómo vencer las barreras organizativas*. Díaz de Santos, Madrid, 1993.

——: *Conocimiento para la acción*. Ediciones Granica, Buenos Aires, 1999.

Bennis, Warren y Nanus, Burt: *Líderes - Estrategias para un liderazgo eficaz*. Paidós, Buenos Aires, 1995.

Blanchard, Ken y Carlos, John: *Las 3 claves para el empowerment*. Ediciones Granica, Buenos Aires, 2000.

Block, Peter: *El manager fortalecido*. Paidós, Buenos Aires, 1990.

Bohm, David: *Sobre el diálogo*. Kairós, Barcelona, 2001.

Branden, Nathaniel: *La autoestima en el trabajo*. Paidós, Buenos Aires, 1998.

Chang, Richard: *La construcción de un equipo dinámico*. Ediciones Granica, Buenos Aires, 1999.

Covey, Stephen: *Los siete hábitos de la gente altamente efectiva*. Paidós, Buenos Aires, 1989.

——: "El liderazgo es un arte que posibilita", artículo publicado en *De líder a líder*. Ediciones Granica, Buenos Aires, 2010.

Debashis, Chatterjee: *El liderazgo consciente*. Ediciones Granica, Buenos Aires, 2001.

Dilts, Robert: *Aprendizaje Dinámico*. Urano, Barcelona, 1996.

Drucker, Peter: *Administración y futuro*. Sudamericana, Buenos Aires, 1993.

——: *La sociedad poscapitalista*. Sudamericana, Buenos Aires, 1993.

Echeverría, Rafael: *La empresa emergente*. Ediciones Granica, Buenos Aires, 2000.

Echeverría, Rafael: *Sobre el Coaching Ontológico.* Newfield Consulting, 2003.

Fainstein, Héctor: *La gestión de equipos eficaces.* Macchi, Buenos Aires, 1998.

Flores, Fernando: *Creando organizaciones para el futuro.* Dolmen, Buenos Aires, 1994.

Fromm, Erich: *¿Tener o ser?* Fondo de Cultura Económica, México, 2003.

Goleman, Daniel: *La inteligencia emocional en la empresa.* Vergara, Buenos Aires, 1998.

Goleman, Daniel; Boyatzis, Richard, y McKee, Annie: *El líder resonante.* Plaza & Janés, Buenos Aires, 2002.

Gore, Ernesto: *El nuevo management.* Ediciones Granica, Buenos Aires, 2006.

————: *La educación en la empresa.* Ediciones Granica, Buenos Aires, 1996.

Greenleaf, Robert: *El servidor como líder.* Paulist Press, Nueva York, 1977

Hawkins, Peter: *Coaching y liderazgo de equipos.* Ediciones Granica, Buenos Aires, 2012.

Heifetz, Ronald: *Liderazgo sin respuestas fáciles.* Paidós, Buenos Aires, 1997.

Hendricks, Gay: *La nueva mística empresarial.* Empresa Activa, Barcelona, 1999.

Jackson, Phil: *Once anillos.* Roca, Barcelona, 2014.

Jaworski, Joseph: *Sincronicidad.* Paidós, Buenos Aires, 1999.

Jericó, Pilar: *NoMiedo.* Alienta, Barcelona, 2006.

Katzenbach, Jon: *Equipos de alta gerencia.* Díaz de Santos, Madrid, 1998.

Karpf, Luis: *Valores compartidos: la esencia de la mística.* Paper, Buenos Aires, 2002.

Kerr, James: *Legado. 15 lecciones sobre liderazgo.* Club House, Buenos Aires, 2014.

Kofman, Fredy: *Metamanagement.* Ediciones Granica, Buenos Aires, 2001.

Kotter, John: "Lo que de verdad hacen los líderes", artículo publicado en *Harvard Business Review.* Deusto, Barcelona, 1999.

Kouzes, James y Posner, Barry: *Brindar aliento.* Ediciones Granica, Buenos Aires, 2005.

Lazzati, Santiago: *Competencias, cambio y coaching.* Ediciones Granica, Buenos Aires, 2015.

Levy-Leboyer, Claude: *Gestión de las competencias.* Gestión 2000, Barcelona, 1997.

Malaret, Juan: *Liderazgo de equipos con entusiasmo estratégico.* Díaz De Santos, Madrid, 2003.

Mandela, Nelson: *El largo camino hacia la libertad*. Aguilar, Buenos Aires, 2013.

Maslow, Abraham: *El hombre autorrealizado*. Kairós. Barcelona, 2000.

Mintzberg, Henry: *Directivos, no MBAs*. Deusto, Barcelona, 2005.

Nanus, Burt: *Líderes visionarios*. Ediciones Granica, Buenos Aires, 2000.

Nonaka, Ikujiro y Takeuchi, Hirotaka: *La organización creadora de conocimiento. Cómo las compañías japonesas crean la dinámica de la innovación*. Oxford University Press, México, 1999.

Pichon-Rivière, Enrique: *El proceso grupal*. Nueva Visión, Buenos Aires, 1999.

Pfeffer, Jeffrey y Sutton, Robert: *La brecha entre el saber y el hacer*. Ediciones Granica, Buenos Aires, 2005.

Reich, Robert: *El trabajo de las naciones*. Vergara, Buenos Aires, 1993.

Scott, Cynthia y Jaffe, Dennis: *Empowerment - Cómo otorgar poder y autoridad a su equipo de trabajo*. Grupo Editorial Iberoamérica, Madrid, 1994.

Senge, Peter: *La Quinta Disciplina*. Ediciones Granica, Buenos Aires, 1992.

——: "El liderazgo en las organizaciones de aprendizaje", artículo publicado en *El líder del futuro*. Fundación Peter Drucker, Deusto, Barcelona, 1996.

Schein, Edgar: *Psicología de la organización*. Prentice Hall, México, 1982.

——: "El liderazgo y la cultura organizacional", artículo publicado en *El líder del futuro*. Fundación Peter Drucker. Deusto, Barcelona, 1996.

Schön, Donald: *El profesional reflexivo. Cómo piensan los profesionales cuando actúan*. Paidós, Barcelona, 1983.

Taylor, Frederick: *The Principles of Scientific Management*. Norton, Nueva York, 1967.

Vigil, Sergio: *Un viaje al interior*. Hojas del Sur, Buenos Aires, 2013.

West, Michel A.: *El trabajo eficaz en equipo*. Paidós, Buenos Aires, 2003.

Acerca del autor

Oscar Anzorena es director de la Escuela de Liderazgo y Coaching, y de DPO Consulting - Desarrollo Personal y Organizacional, donde brinda servicios a empresas e instituciones a nivel nacional e internacional.

Licenciado en Comunicación, cursó estudios de posgrado en Transformación Organizacional, y en Administración y Planeamiento Estratégico (UBA).

Es Master en Programación Neurolingüística. Se capacitó en Psicología Gestáltica en el American Psychological Institute (California, EE.UU.; en Ontología del Lenguaje con Rafael Echeverría; en Biología del Conocimiento con Humberto Maturana; en Constelaciones Sistémicas con Eduardo Fain, y en Psicología Transpersonal en el Centro Transpersonal de Buenos Aires.

Está certificado como *Master Coach Ontológico Profesional* (MCOP) por la Asociación Argentina de Coaching Ontológico Profesional; como *Professional Certified Coach* (PCC) por la International Coach Federation, y como *Master Coach Ontológico Acreditado* (MCOA) por la Federación Internacional de Coaching Ontológico Profesional.

Es integrante de la *Comisión Global* de la Asociación Euro-Americana de Profesionales de Coaching (AEAPro).

Desde hace más de 25 años se desempeña como consultor organizacional, especialista en la gestión y el desarrollo del factor humano en las organizaciones. Como instructor y coach organizacional trabaja junto a personas y equipos para el mejoramiento de sus niveles de desempeño y en el logro de sus objetivos.

Cuenta con una extensa trayectoria en la formación de coaches profesionales. Entre los años 2004 y 2007 dictó el Posgrado en Coaching Ontológico en la Facultad de Psicología de la Universidad Buenos Aires (UBA) y a partir de 2008 dirige en la Escuela de Liderazgo y Coaching de DPO Consulting la Carrera de Coaching Personal y Organizacional, que está avalada por la International Coach Federation (ICF), la Asociación Argentina de Coaching Ontológico Profesional (AACOP), la Federación Internacional de Coaching Ontológico Profesional (FICOP) y la Asociación Euro-Americana de Profesionales de Coaching (AEAPro).

Como Mentor Coach acompaña el desarrollo profesional de otros coaches. En tal sentido, realiza desde el año 2010 el Postítulo en Coaching Avanzado, que está enfocado en el entrenamiento y profundización de la práctica del Coaching Ontológico Profesional y cuenta con el reconocimiento de la ICF, AACOP y FICOP. También dirige el Postítulo "Constelaciones Sistémicas en la práctica del Coaching", que cuenta con el reconocimiento de AACOP y FICOP.

Titular de la materia Coaching y Consultoría de Procesos en la Maestría en Psicología Empresarial y Organizacional de la Universidad de Belgrano (2005/14), desarrolló actividades docentes de grado y de posgrado en el Instituto Tecnológico de Buenos Aires (ITBA), en la Universidad de Palermo y en las escuelas de negocios del Instituto de Desarrollo Empresarial Argentino (IDEA) y de la Universidad Católica Argentina (UCA).

Como experto en capacitación gerencial fue Coordinador Académico del Programa de Formación en Alta Gerencia en el Instituto Nacional de Administración Pública (INAP).

Ha publicado numerosos artículos sobre temas de liderazgo, coaching, comunicación y gestión organizacional.

Fue expositor en la 3ª Conferencia Latinoamericana de Coaching (2012), organizada por la ICF, donde presentó su ponencia sobre "El abordaje sistémico en la práctica del coaching". También fue disertante en el 4º Encuentro Abierto de Coaches de la AACOP, donde desarrolló la temática "El Coaching Ontológico en empresas y organizaciones sociales".

Es autor de los libros *Maestría Personal. El camino del Liderazgo* (Ediciones Lea, 2008); *El arte de comunicarnos. Conceptos y técnicas para una comunicación interpersonal efectiva* (Ediciones Lea, 2012), y *Teoría y práctica del Coaching Ontológico Profesional* (Ediciones Lea, 2016).

www.dpoconsulting.com

oscar@dpoconsulting.com